Medaillon mit dem Porträt von James Cook (1728–79) von Josiah Wedgwood.
Nach einer Zeichnung von John Flaxman 1784 gegossen

Alistair MacLean

Der Traum vom Südland

Die abenteuerlichen Entdeckerfahrten des Captain James Cook

WILHELM HEYNE VERLAG
MÜNCHEN

HEYNE-BUCH Nr. 7013
im Wilhelm Heyne Verlag, München

Titel der englischen Originalausgabe
»CAPTAIN COOK«
Deutsche Übersetzung von Jürgen Abel

Genehmigte, ungekürzte Taschenbuchausgabe
Copyright © 1972 by Alistair MacLean
Copyright © der deutschsprachigen Ausgabe
1973 by Lichtenberg Verlag München
Printed in Germany 1976
Umschlaggestaltung: Atelier Heinrichs, München
Druck: Friedrich Pustet, Regensburg

ISBN 3-453-00570-8

Inhalt

Nach Rückkehr von seiner zweiten Reise im Jahre 1775 wurde James Cook
von der *Royal Society* die Copley-Medaille verliehen

Prolog

An einem Nachmittag im Spätherbst des Jahres 1805 begab sich ein junger Kanonier der Royal Navy, ein gewisser Jeremy Blyth, der kurz vor seiner ersten großen Fahrt stand, in ein Bierlokal zu Wapping. Es war eine für den Ort und die damalige Zeit typische Hafentaverne, schmutzig, mit rissigen Dielen, verräucherten Wänden und Decken, in der aber auch alles fehlte, was schon in jener Epoche zu den Annehmlichkeiten der Zivilisation zählte. Eine Brettertheke, ein paar wackelige Tische und Stühle: das war alles. Typisch waren auch die Gäste – ein Gemisch von Seeleuten der Handels- und Kriegsflotte, viele unter ihnen Opfer der Aushebungstrupps, viele mit krimineller Vergangenheit, saufende, fluchende, aus dem vollen lebende Männer, denen Leiden und Entbehrungen und Tod nichts ausmachten, zähe und ausdauernde Männer, so kaltblütig und ausgekocht, wie es Menschen, die in einer ruhigen und friedlicheren Zeit leben, sich kaum vorstellen können.

Untypisch war allerdings die Atmosphäre, die in jenem Bierlokal herrschte. Niemand sprach. Niemand trank. Das Schweigen wurde durch gelegentliches Schluchzen unterbrochen. Der Wirt hatte den Kopf in die Arme vergraben, und seine Schultern hoben und senkten sich zuckend. Ebenso verhielten sich einige andere Männer an den Tischen. Ein paar weinten ganz offen, und alle schienen verloren in ihrer eigenen Welt verzweifelter Trauer. Blyth setzte sich einem grauhaarigen alten Seemann gegenüber nieder, einem Veteranen mit fahlen Wangen und tränenblinden Augen, vor dem ein unberührtes Glas stand. Fragend, sanft berührte Blyth den Alten am Arm.

»Was ist denn los? Was ist denn passiert?«

Der alte Mann blickte auf und sagte böse: »Haben Sie es denn noch nicht gehört? Haben Sie es denn noch nicht gehört?«

Blyth schüttelte den Kopf.

»Nelson ist tot.«

Wieder schaute Blyth sich in dem schäbigen Raum um, sah auf die Männer, für die Nelsons Tod eine schmerzvolle, durch nichts wieder auszufüllende Leere hinterlassen hatte, und sagte dann: »Gott sei Dank, daß ich ihn nicht gekannt habe.«

Es ist zweifelhaft, ob sich eine vergleichbare Szene abgespielt hatte, als die Nachricht von Cooks Tod England rund sechsundzwanzig Jahre vorher erreicht hatte. Die Nation betrauerte ihn, wie England schon immer das Dahinscheiden seiner großen Männer, seiner Marlboroughs, seiner Wellingtons, seiner Churchills betrauert hat: doch ohne Tränen, ohne Verzweiflung.

Nelson und Cook, das sind die Namen, die in den Annalen der Royal Navy am meisten verehrt werden. Verehrung setzt sich aus Achtung und Liebe zusammen. Nelson wurde weithin geachtet, aber überall geliebt. Cook wurde überall geachtet, aber er war unfähig, Gegenstand einer so großen Ergebenheit und Anbetung zu werden, wie Nelson es war. Daß Cook jedoch von seinen Männern und Offizieren geliebt wurde, steht außer Zweifel.

Der Grund für diesen Unterschied liegt natürlich im Charakter der beiden Männer. Um einen Menschen, eine Persönlichkeit des öffentlichen Lebens zu lieben, muß man sich mit ihr identifizieren können, und das ist nur möglich, wenn man sie kennt – oder zumindest glaubt, daß man sie kennt. In dieser Hinsicht gab es bei Nelson, einem warmherzigen, impulsiven Extrovertierten, dessen Gedanken und Privatleben ein ebenso offenes Buch waren wie seine öffentlich geäußerten Ansichten und sein offizielles Auftreten, überhaupt keine Schwierigkeiten. Cooks Gedanken und Privatleben gleichen dagegen einem verschlossenen Buch, einem jener altmodischen Bücher mit Messingschließe; er hat es abgeschlossen und den Schlüssel fortgeworfen. Die Jahre vergehen, und es wird immer unwahrscheinlicher, daß man den Schlüssel jemals findet.

Wir wissen alles über Cook – und wissen zugleich nichts über ihn. Wir wissen, daß er tapfer, umsichtig, klug, unermüdlich, abenteuerlustig, ein geborener Führer war. Von seinem Wesen aber, von seinen Neigungen und Schwächen haben wir nicht die leiseste Ahnung. Wir wissen, daß er seine leckgeschlagenen Kohlenschiffe auf den großartigsten Entdeckungsreisen der Menschheitsgeschichte vom tropischen Pazifik zu den trostlosesten und schrecklichsten Einöden der Arktis und Antarktis manövrierte. Ob er aber Blumen liebte und seine Kinder auf den Knien wiegte, ob er hingerissen zuschaute, wenn die Sonne hinter Hawaii oder Tahiti im Ozean versank, das werden wir niemals wissen. Wir wissen, daß er der größte Seefahrer seiner Zeit und aller Zeiten war: Es wäre interessant zu wissen, ob er sich jemals in den Gassen seines Heimatortes Stepney verlief. Es ist in der Tat eine Leistung, wenn jemand seine private Sphäre so unverletzt bewahrt hat, aber es ist eine geradezu überwältigende Leistung, die sich dem rationalen Verständnis entzieht, wenn man bedenkt, daß dieser Mann uns alles, was er viele Jahre lang tat, mit über einer Million Worten ganz genau beschrieben hat. Und genau das tat Cook in seinen Tagebüchern und Logbüchern. Keine einzige Berühmtheit jüngerer Zeiten hat ihr Leben jemals so gründlich und gewissenhaft dokumentiert. Doch diese umfangreiche Dokumentation ist losgelöst vom Privaten, unpersönlich; Cook selbst tritt nicht in Erscheinung: Er schrieb über das, was er tat, nicht über das, was er war. Selbst in seiner Privatkorrespondenz, in den wenigen Briefen, die erhalten geblieben sind, offenbart sich diese eiserne Zurückhaltung. Nur zweimal erwähnt er seine Frau, und auch da nur beiläufig, über seine beiden Kinder, die schon als Säuglinge starben, oder seine Tochter, die mit vier Jahren starb, findet sich nicht der geringste authentische Hinweis. Cook erwähnt sie nie.

Selbstverständlich schrieben die Zeitgenossen über ihn – von Walpole bis Dr. Johnson ergriffen alle das Wort –, und wenn man all ihre Schriften gelesen hat, erfährt man nicht mehr über Cook, als man von Cook selbst erfährt. Vielleicht kannten sie ihn nicht so gut, wie sie ihn gern gekannt hätten; vielleicht war er bis zur Unnahbarkeit reserviert. Vielleicht wußten sie aber auch, daß sie es mit einer zwar noch lebenden, aber doch schon legendären Gestalt zu tun hatten, die für die Unsterblichkeit bestimmt war. In diesem Fall war ihre Aufgabe unmöglich zu lösen: Der Mythos umhüllt den Menschen, spinnt seinen Schöpfer so dicht im Gewebe seines Ruhms ein, daß es selbst für das schärfste Auge praktisch unmöglich wird, zum Kern der Legende vorzudringen, einer Legende, die nur die ganz groß angelegte Rhetorik, die weitesten Verallgemeinerungen akzeptiert. Es ist nicht üblich, darüber zu diskutieren, welche Krawatten ein Unsterblicher bevorzugte oder ob er an einem Abend im späten Mai stehenblieb, um an einem Fliederbusch zu riechen.

Selbstverständlich gibt es Biographien über Cook, sogar mehrere. Aber keine davon ist die gute und wahre und endgültige Biographie des Mannes, den wir so gern kennen würden. Es ist sehr zweifelhaft, ob es diese Lebensbeschreibung jemals geben wird. Die meisten der Biographen, die dem Skelett seines überwältigenden Ruhms Fleisch und Leben verleihen wollten, mußten alle ihre Erfindungsgabe und Phantasie spielen lassen und sich gleichzeitig alle Mühe geben, nicht unglaubhaft zu werden. So erfahren wir bei einer Gelegenheit, daß Mrs. Cook ihren Gatten nach einer seiner Marathonreisen zärtlich und unter Tränen zu Hause begrüßte – mit Zärtlichkeit, weil er so lange fort gewesen, tränenreich, weil in seiner Abwesenheit eines der Kinder gestorben war. Nun, das ist durchaus wahrscheinlich: Aber kein einziges Zeugnis rechtfertigt diese Unterstellung. Nach allem, was wir wissen oder nicht wissen, könnte sie ihm auch mit dem Besen einen Schlag auf den Kopf versetzt haben. Zugegeben, das ist außerordentlich unwahrscheinlich. Da jedoch alle gegenteiligen Beweise fehlen, ist es nicht unmöglich, und das ist der springende Punkt. Kombinationen und trockene Vermutungen sind kein Ersatz für historische Genauigkeit.

Man hat gesagt, es sei nur eine Frage der Zeit, bis wir die endgültige Biographie bekommen. Man hat gesagt, die Wahrheit müsse an den Tag kommen, wenn die über eine Million Worte Cooks von einem Statistiker, einem Datenverarbeiter und einem Psychiater gemeinsam untersucht und ausgewertet würden. Sicher bliebe diese Anstrengung nicht ohne Ergebnis – da es aber nachgewiesen und allgemein bekannt ist, daß Statistiker, Datenverarbeiter und Psychiater manchmal irren, sträubt sich unser Verstand bei der Vorstellung eines so verdreifachten Irrtums. *Requiescat in pace.* Unvorstellbar, daß ein Unsterblicher dem Zerreißwolf eines Computers ausgeliefert werden sollte.

Weit davon entfernt, eine endgültige Biographie zu beabsichtigen, stellt unser Buch alles andere als eine Biographie dar. Eine echte Biographie ist ein abgerundetes Porträt, doch in meiner Palette müssen einige Farben fehlen: Ich weiß nicht alles über den Mann. Dieses Buch ist vor allem ein Bericht über seine frühe Lehrzeit zur See, seine Entwicklung als Navigator und Kartograph und seine drei großen Fahrten. Es gibt uns eine Vorstellung von Captain Cook, wie er wirklich war. Denn wie er selbst zugab, war er ein Mann, dem die Leistung alles bedeutete. In seinem letzten Brief, den er 1776 aus Kapstadt an Lord Sandwich richtete, sagte er: »Mein Unternehmungsgeist wird nicht nachlassen, bis ich das große Ziel dieser Reise erreiche«. Es sollte nicht sein. Nicht das, was Cook sagte oder schrieb, hob ihn in die Reihen der Unsterblichen, sondern das, was er tat.

Lassen wir die Taten für den Mann sprechen.

Die berühmte Statue von Captain James Cook, die in London in
der Nähe der Admiralität steht

Der Vollmatrose

James Cook, der dazu bestimmt war, Kommandierender Kapitän der Royal Navy und der größte Seemann, Entdecker, Navigator und Kartograph zu werden, den die Welt je gekannt hat, wurde 1728 als Sohn kleiner Leute in einem kleinen Nest in Yorkshire geboren. Seine Mutter stammte aus dem Dorf, sein Vater war Schotte und Farmarbeiter. Man hat zahlreiche Vermutungen darüber angestellt, von welchem Elternteil James Cook das Geniale geerbt hatte, Vermutungen, die völlig sinnlos sind, da wir über beide Elternteile nichts Näheres wissen.

Nachdem er gelegentlich die Schule besucht und einige Jahre auf dem Bauernhof gearbeitet hatte, der dem Arbeitgeber seines Vaters gehörte, verließ Cook mit siebzehn Jahren seine Heimat und ging nach Staithes, einem kleinen Seehafen. Dieser Schritt ist als erste Regung jenes ruhelosen und hochfliegenden Ehrgeizes gedeutet worden, der ihn bis in die letzten Winkel der Erde führen sollte. Es ist aber ebensogut möglich, daß er den Bauernhof nur satt hatte, denn ein Junge, der von Ruhm träumt, wird sich wohl kaum als Verkäufer einem Kolonial- und Kurzwarenhändler verdingen, aber genau dies tat Cook.

Die Aussicht, ein Leben lang hinter dem Tresen zu stehen, gefiel Cook ganz sicher nicht besser als die auf ein Dasein hinter dem Pflug, denn 1746, im Alter von achtzehn Jahren, verließ er den Kurzwarenhandel, mit dem er sich später nie wieder beschäftigte, und vertraute sich dem Meer an, das bis zu seinem Tod dreiunddreißig Jahre später sein Zuhause war, sein Leben und seine ganze Leidenschaft.

Er heuerte bei John und Henry Walker, Schiffseigner aus

Der Hafen von Whitby um 1820. Hier verbrachte Cook seine Lehrjahre

Whitby, an, die sich in Kohlenhandel spezialisiert hatten. Die für diesen Zweck benutzten Schiffe waren, wie man sich vorstellen kann, außerordentlich häßlich, breitbauchig und plump, sie waren alles andere als eine Augenweide und ließen sich nur jämmerlich langsam und schwer manövrieren. Aber die Eigentümer von Kohlengruben im achtzehnten Jahrhundert scherten sich nicht um ästhetische Gesichtspunkte, Zweckmäßigkeit war alles: Diese Schiffe waren einzig und allein dazu gebaut worden, große Mengen von Kohle zu befördern, und für diesen Zweck waren sie großartig geeignet.

Doch sie besaßen noch andere, höchst unwahrscheinliche Vorzüge. Obwohl sie anscheinend irgendwie als Kreuzung zwischen einem holländischen Holzschuh und einem Sarg konstruiert und gebaut worden waren, hatten sie bemerkenswerte Hochseequalitäten und überstanden die heftigsten Stürme, wobei man allerdings zugeben muß, daß ihre unglücklichen Männer der Besatzung dabei die schlimmsten Beschwerden zu ertragen hatten. Ihre flachbauchige Bauart machte es möglich, sie zum Kielholen auf geeignete Sandstrände zu ziehen. Und selbstverständlich konnten sie riesige Vorratsmengen befördern. Vielleicht ist es also doch nicht so lächerlich, wenn diese schwerfälligen Kohlenschiffe aus Whitby und nicht die schnittigen Fregatten und Kreuzer der Navy Cook zu den entlegensten Winkeln der Erde brachten.

Cook diente also die ersten zwei Jahre seiner Lehrzeit an Bord eines dieser Schiffe – des 450-Tonners *Freelove,* der die Kohlenroute zwischen Newcastle und London befuhr –, bevor er auf die *Three Brothers,* ein anderes Schiff der Walkers, kam, das sein geographisches Wissen und seine seemännische Tüchtigkeit vermehrte, indem es ihn zur englischen Westküste, nach Irland und Norwegen mitnahm.

Von Cooks beruflichem oder privatem Leben in dieser Zeit wissen wir nur wenig. Allem Anschein nach führte er überhaupt kein geselliges Leben, denn zwischen den Reisen oder in der Zeit, wenn die Schiffe im Winter aufgedockt waren, dachte Cook nicht an Vergnügen, sondern ausschließlich ans Lernen. Das ist eine der wenigen Tatsachen seines frühen Lebens, die sich nachweisen lassen, denn die Walkers – bei denen Cook wohnte, wenn er nicht auf See war – und ihre Freunde brachten ihr Erstaunen darüber zum Ausdruck, daß Cook Stunden um Stunden damit verbrachte, seine Kenntnisse in Navigation, Astronomie und Mathematik zu verbessern. Diese Gewohnheit sollte Cook niemals aufgeben: Bis zu seinem Tod hörte er nicht auf zu lernen.

Nach Beendigung der Lehrzeit verließ Cook die Walkers, befuhr mehr als zwei Jahre lang mit Handelsschiffen die englische Ostküste und die Ostsee und wurde dann von den Brüdern Walker gebeten,

Musterung und Stapellauf in den Docks von Deptford

zurückzukommen und auf ihrem Schiff *Friendship* Steuermann zu werden. Cook nahm an. Drei Jahre darauf, 1755, bot man ihm das Kommando der *Friendship* an. Cook lehnte ab. Statt dessen ging er als Vollmatrose zur Navy.

Dieser außergewöhnliche Entschluß ist in doppelter Hinsicht bedeutungsvoll: Er weist auf eine Tatsache hin und gibt Anlaß zu einer Frage. Die Tatsache ist, daß Cook, um im Alter von zwanzig Jahren ein Kommando angeboten zu bekommen, die Schiffseigner mit seinen Eigenschaften als Seemann, als Navigator und als Vorgesetzter beeindruckt haben muß, was wohl kaum überraschen kann, wenn man bedenkt, wie außerordentlich weit er diese schon in seiner Jugend ausgeprägten Fähigkeiten – und die Beherrschung der praktischen Kartographie – in den kommenden Jahren entwickeln sollte. Was allerdings überrascht, ist, daß er auf das Kommando eines Handelsschiffes verzichtete zugunsten des niedrigsten Ranges in der Marine.

Wie bei so vielen seiner Entschlüsse, hat Cook auch für diesen keine Erklärung geliefert. (Cook war ein ungewöhnlich verschwiegener Mann – auf seinen Fahrten um die Welt klagten seine Offiziere häufig darüber, daß sie niemals wußten, wohin sie eigentlich fuhren, bis sie angekommen waren.) Man nimmt allgemein an, daß seine Entscheidung unmittelbar mit der hektischen Aufrüstung zusammenhängt, mit der sich Großbritannien und Frankreich auf den Beginn des nicht mehr aufzuhaltenden grausamen und blutigen Siebenjährigen Kriegs im folgenden Jahr vorbereiteten: In überseeischen Gebieten kämpfte man schon, besonders in Nordamerika, wo Großbritannien und Frankreich allen Anschein von diplomatischen Verhandlungen als Mittel zur Bereinigung der Frage der Vorherrschaft in den Kolonien fahrengelassen hatten: Obgleich nominell noch Frieden herrschte, hatte die britische Navy bereits an der französischen Küste eine dichte Blockade gebildet, um zu verhindern, daß die Franzosen in Kanada weiterhin mit Männern und Waffen aus dem Mutterland versorgt wurden.

Weil die Navy ihre Schlagkraft verloren hatte und heruntergekommen war und weil der Krieg unmittelbar bevorstand, arbeiteten die britischen Werften auf Hochtouren, um neue Schiffe für die Flotte herzustellen. Schiffe brauchen Besatzungen, und die jungen Leute jener Epoche zeigten einen bemerkenswerten Widerwillen dagegen, freiwillig die Ehre auf sich zu nehmen, in der Navy zu dienen, ein Widerwille, der in Anbetracht der unmenschlichen Lebensbedingungen, die Mitte des achtzehnten Jahrhunderts in der Royal Navy herrschten, nicht überraschen kann. Deshalb wurden alle Mittel der Überredungskunst aufgeboten, und da Werbeplakate bei den Streitkräften damals noch nicht so sehr in Mode waren, nahm die Überredung gewöhnlich gewaltsame Formen an – schwerbewaffnete Aushebungstrupps der Flotte bemächtigten sich jedes kräftigen Mannes, ob betrunken oder nüchtern, der das Pech hatte, ihnen über den Weg zu laufen. Man hat vermutet, Cook habe nur deshalb freiwillig angeheuert, um einer gewaltsamen Rekrutierung zu entgehen, doch abgesehen von der Tatsache, daß sich dieses Motiv ganz und gar nicht mit seinem Charakter verein-

baren lassen will, ist es auch unwahrscheinlich, daß man einen Offizier der Handelsflotte – und Cook hätte Kapitän sein können, wenn
er gewollt hätte – zwangsrekrutiert hätte, ohne ihn mit vielen Entschuldigungen wieder freizulassen, sobald seine Identität bekannt
geworden wäre.

Vielleicht war er ein Romantiker, den der ferne Klang von Trommeln und Hörnern lockte. Vielleicht wurde seine patriotische Regung von der Vernunft geleitet. Eine innere Stimme und der gesunde Menschenverstand mögen ihm gesagt haben, es sei nicht nur
seine Pflicht, sondern auch umsichtiger, den Franzosen eins auf
die Finger zu geben, bevor sie ihm eins auf die Finger geben konnten. Vielleicht – diese außerordentlich zynische Erklärung wurde
am häufigsten vorgeschlagen – rechnete Cook sich auch aus, daß
er in dem nunmehr unvermeidlichen Krieg mit einer sehr schnellen
Beförderung rechnen durfte. Vielleicht hatte er auch nur satt, ewig
Kohlenstaub zu schlucken. Wir werden es nie erfahren. Mit Sicherheit wissen wir nur, daß er am 17. Juni 1755 zur Navy ging und
acht Tage darauf der *Eagle,* einem in Portsmouth liegenden Linienschiff mit sechzig Kanonen, zugeteilt wurde.

Die *Eagle* wiederum wurde bei der Blockade der französischen
Küste eingesetzt. Hier begann Cook, ein Tagebuch zu führen. Von
diesem Zeitpunkt an bis zu seinem Tode notierte er nun stets die
wichtigsten Ereignisse des Tages. Aber Cooks Tagebücher sind alles
andere als eine dramatische und fesselnde Lektüre. Er erwähnt
Dinge wie Wachablösungen, die Qualität der Speisen und Getränke, die Wetterberichte, er spricht von Postengängen, vom Sichten und Ausmachen anderer Schiffe, von tausend Lappalien und
Einzelheiten, die nach zwei Jahrhunderten für uns nicht mehr von
Interesse sein können, da sie nichts über den Mann selbst aussagen.

In den ersten paar Monaten, in denen Cook auf der *Eagle* diente,
fanden nur zwei wichtige Ereignisse statt. Einen Monat nach dem
Anmustern wurde er Hauptmaat, das zeigt, wie schnell man seine
Navigationskenntnisse, seine seemännische Tüchtigkeit und Zuverlässigkeit erkannte. Wenig später wurde der Kapitän der *Eagle,*

Sir Hugh Palliser, der Cooks Genie als erster erkannte und einer seiner einflußreichsten Bewunderer war (Gemälde von Nathaniel Dance)

ein etwas bequemer Herr, der die angenehme Windstille des Hafens von Portsmouth den winterlichen Stürmen des Kanals von Dover bei weitem vorzog, seines Kommandos enthoben und durch Kapitän (später Sir) Hugh Palliser ersetzt.

Es zeigte sich bald, daß Palliser außerordentliche Fähigkeiten besaß. Er war ein glänzender Seemann und Flottentaktiker, den seine Vorgesetzten über alles schätzten, und wurde später Gouverneur von Neufundland und Lord der britischen Admiralität. Dennoch hätte man ihn heute wahrscheinlich längst vergessen, wäre es nicht eben Palliser gewesen, der Cooks Genie als erster erkannte und seine einmalige seemännische Begabung den Lords der Admiralität immer wieder eindringlich schilderte. Auch als Cooks Platz in der Geschichte längst gesichert war, verkündete er immer wieder voll fröhlicher Zuversicht seinen Glauben an Cooks Bestimmung. Palliser muß ein außerordentlich weitsichtiger Mann gewesen sein.

Cook blieb vom Sommer 1755 bis zum Herbst 1757 auf der *Eagle* – der Siebenjährige Krieg hatte im Frühjahr 1756 angefangen, doch die offizielle Kriegserklärung regelte lediglich einen bereits bestehenden Zustand. Abgesehen von einigen dringend erforderlichen Überholungsarbeiten – das Wetter im Kanal und in der Biskaya machte den Engländern weit mehr zu schaffen als der Gegner – gehörte die *Eagle* fast die ganze Zeit über zum Blockadering vor der französischen Küste. Es war eine ziemlich langweilige und eintönige Aufgabe, die nur durch die erste – und einzige – Seeschlacht von einiger Bedeutung belebt wurde, an der Cook jemals beteiligt war. Ende Mai 1757 griffen sie vor Ushant ein großes französisches Schiff an, einen 1500-Tonner mit fünfzig Kanonen, der die Ostindienroute befuhr und *Duc d'Aquitaine* hieß. In einem heißen Kampf, der vierzig Minuten dauerte, wurde das französische Schiff navigationsunfähig gemacht und aufgebracht, doch die *Eagle* selbst wurde dabei so sehr beschädigt, daß sie zu Ausbesserungsarbeiten nach England zurücksegeln mußte.

Diese Zeit ist für unser Verständnis Cooks nicht deshalb wichtig, weil er in gelegentliche Scharmützel mit dem Feind verwickelt war, sondern weil er damals seine ganz besonderen Fähigkeiten, die ihm in den kommenden Jahren so nützlich sein sollten, trainierte und schliff. Sicher, er war noch kein Kartograph, die Jahre des Vermessens und der Kartenarbeit lagen noch vor ihm: Aber daß seine seemännischen Kenntnisse bereits meisterhaft waren, beweist schon die Tatsache, daß er in etwas mehr als zwei Jahren vom Vollmatrosen zum Hauptmaat, dann zum Hochbootsmann und schließlich zum Steuermann avanciert war. Er war nun im Grunde für das Schiff verantwortlich und der höchste nichtpatentierte Offizier an Bord. Gleichzeitig setzte er seine Studien der Navigation und Mathematik (in Verbindung mit Astronomie) fort, und da er auf diesen Gebieten keineswegs ein Neuling war, als er zur Navy ging, müssen seine Kenntnisse jetzt ein außergewöhnlich hohes Niveau erreicht haben.

Die Beherrschung dieser Fächer war natürlich eine wesentliche Voraussetzung für die Entdeckungsfahrten im Pazifik, die noch in weiter Ferne lagen – ohne sie hätte er diese Reisen niemals unternehmen können, und die Admiralität hätte ihn bestimmt niemals damit beauftragt. Nicht weniger wichtig für die Zukunft war jedoch die Konfrontation mit dem Leben bei der Marine, das sich so sehr von dem sorgenfreien und recht undisziplinierten Leben auf den Kohlenschiffen unterschied und an das Cook sich gewiß erst gewöhnen mußte. Hier war jeder einzelne ein Spezialist, jeder hatte gelernt, sich auf sich selbst und auf andere zu verlassen, jeder wußte ein für allemal, daß er ein lebenswichtiges Glied einer Kette bildete und daß die einzige unverzeihliche Sünde in schweren Zeiten – und Cook sollte im Pazifik viel schwerere Zeiten mit seinen Männern durchstehen, als er sie jemals im Atlantik erlebt hatte – darin bestand, diese Kette zu sprengen. Man hat oft und mit Recht auf die unmenschliche Disziplin bei der Marine in jener Zeit hingewiesen, doch die Behauptung, eine eiserne Disziplin sei unabdingbar, wenn man auf erstklassige Besatzung Wert legt, trifft nicht zu. Nur schlechte Besatzungen, die von schlechten Offizieren befehligt werden, brauchen diese unmenschlich harte Disziplin, während

Ansicht des Flottenaufbruchs von Quebec (September 1759)

gute Besatzungen und gute Offiziere, die perfekt ausgebildet sind, nur eine Disziplin benötigen, die auf innerer Einsicht beruht. Es kann kein Zweifel daran bestehen, daß es Cook stets nur auf eine derartige Besatzung ankam.

Am 27. Oktober 1757 kam Cook als Steuermann auf die *Pembroke,* ein 64-Kanonen-Schlachtschiff. An diesem Tag feierte er seinen neunundzwanzigsten Geburtstag. Sein neues Schiff war zunächst an der Blockade in der Biskaya beteiligt. Im Februar 1758 segelten sie nach Kanada.

Auf dem nordamerikanischen Kontinent sah die Kriegslage für die Briten nicht rosig aus. Die Franzosen und Indianer hatten der Armee von General Braddock böse mitgespielt, und man hielt es für das Wichtigste, die britischen Kolonialtruppen dort, wo heute die Ostküste der Vereinigten Staaten liegt, zu entlasten, indem man die Franzosen im Norden angriff, wobei Quebec, das Zentrum ihrer Militärmacht, das Hauptziel bilden sollte.

Es gibt keine Anhaltspunkte dafür, daß Cook sich aktiv am ersten Teil dieses Unternehmens beteiligte, an der Zerstörung des stark bewehrten Forts von Louisburg, das die Einfahrt in den Sankt-Lorenz-Strom kontrollierte. Nach heftigen Kämpfen und einer langen Belagerung fiel das Fort an General Wolfe, der im folgenden Jahr bei der Einnahme von Quebec den Tod finden sollte. Doch in der Schlacht um Quebec selbst hatte auch Cook eine Rolle zu spielen, keine größere vielleicht, aber eine Rolle, die für den Erfolg des Unternehmens wesentlich war.

Ungefähr zehn Monate nach Übergabe des Forts ereignete sich folgendes: Wolfes Armee hatte zwar den Sieg errungen, aber große Verluste erlitten und mußte deshalb auf Verstärkung aus England warten. Die Navy war froh über die Gelegenheit, ihre Schiffe im

Küstenlinie von Neufundland, wie sie kartographisch auch von James Cook aufgezeichnet worden ist

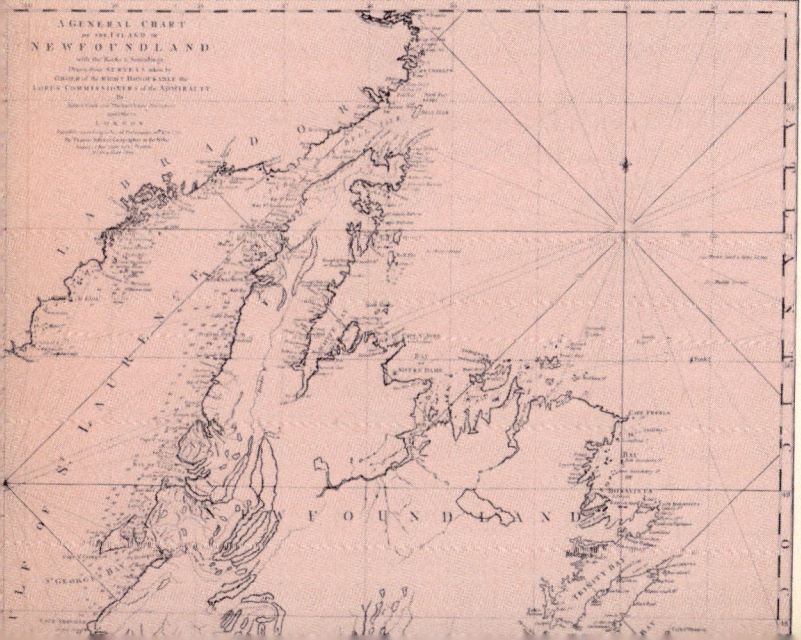

Winter in Halifax wieder instandsetzen zu lassen. Doch im Mai
1759 waren Vorhuteinheiten der britischen Truppen in den Sankt-
Lorenz-Strom vorgedrungen und hatten sich Quebec bis auf wenige
Meilen genähert.

Hier begegneten sie einem Hindernis, mit dem sie allerdings
schon gerechnet hatten. An diesem Punkt wird die Navigation auf
dem Fluß recht schwierig. Der normale Flußverkehr folgt bis hier-
her dem nördlichen Ufer, kreuzt dann aber den Fluß zum südlichen
Ufer, bevor er sich dem eigentlichen Becken von Quebec nähert.
Das Flußstück, an dem man kreuzt, heißt Traverse. In bezug auf
die Gefahren der Flußnavigation gibt es auf der Welt kaum etwas
Vergleichbares. Es handelt sich um ein verwirrendes und außerordentlich trügerisches Labyrinth aus Felsen, Untiefen und Sandbän-
ken, die dauernd ihre Lage ändern. Wenn einem Navigator etwas
zum Alptraum werden könnte, dann war es die Traverse; das heißt,
wenn die Passage durch die Traverse nicht gekennzeichnet ist.

Und genau das war damals, im Mai 1759, der Fall. Sie war gekennzeichnet gewesen, doch verständlicherweise hatten die Franzosen sämtliche Bojen entfernt. Cook und die Steuermänner von
einem oder von zwei anderen Schiffen traf das Los, die Passage
neu zu vermessen und mit Bojen zu versehen, eine Aufgabe, die
durch die Tatsache, daß Cook und die anderen meist in Reichweite
der französischen Kanonen und häufig in der Nacht arbeiten mußten, nicht gerade erleichtert wurde. Außerdem hatten die Franzosen
es sich zur Gewohnheit gemacht, in der Dunkelheit mit Kanus
vom Ufer aufzubrechen und Bojen auszuschneiden, die am nächsten Tag – also nachdem man neu vermessen hatte – neu gesetzt
werden mußten.

Aber im Juni war alles fertig, und die gesamte britische Flotte
von mehr als zweihundert Schiffen passierte ohne einen einzigen
Unfall die Traverse. Es ist kaum zu bezweifeln, daß der Dank dafür
zum größten Teil Cook gebührte. In offiziellen Depeschen bezeichnete man ihn nun als »Meister der Vermessung«. Wie sehr
man ihn bereits schätzte, geht auch daraus hervor, daß Wolfe ihn

wegen der Placierung einiger Schiffe vor Quebec konsultierte – ein General erbat den Rat eines Mannes, der noch nicht einmal richtiger Offizier war. Doch offensichtlich hatte Wolfe die Fähigkeit, Begabungen zu erkennen, wo immer er ihnen auch begegnete.

Nach der Belagerung und Einnahme von Quebec – an der Cook nicht aktiv beteiligt war – wurden die meisten Schiffe der Flotte, einschließlich der *Pembroke,* zu Instandsetzungsarbeiten nach Haus geschickt. Aber Cook mußte noch drei Jahre warten, bevor er England wiedersah, denn er wurde der *Northumberland,* dem Flaggschiff des obersten Kommandeurs, Lord Colville, zugeteilt – was deutlich zeigt, daß man ihn jetzt als den tüchtigsten Steuermann der Flotte betrachtete.

Auf persönlichen Wunsch von Admiral Colville arbeitete Cook in diesen drei Jahren vorwiegend als Kartograph; zuerst nahm er den Sankt-Lorenz-Strom und dann die neufundländische Küste auf. Daß er diese Aufgaben außerordentlich gut bewältigte, läßt sich beweisen. Im Januar 1761 wies Lord Colville den Zahlmeister an, »dem Steuermann der *Northumberland* in Anbetracht seiner unermüdlichen Bemühungen, sich zum Lotsenmeister des Sankt-Lorenz-Stroms zu machen, fünfzig Pfund zu zahlen«. Im nächsten Jahr schickte Admiral Colville Cooks Karten an die Admiralität nach London, schlug vor, man solle sie veröffentlichen, und fügte hinzu: »Nach meiner Erfahrung mit dem Genie und dem Können Mr. Cooks glaube ich, daß er für die Arbeit, die er geleistet hat, und für größere Unternehmen ähnlicher Art sehr wohl befähigt ist« – ein wahrhaft prophetisches Zeugnis. Schließlich erschienen Cooks Seekarten 1775 im *North American Pilot* und blieben über ein Jahrhundert das navigatorische Standardwerk für jene Gewässer.

Cook kehrte im November 1762 heim. Im Dezember heiratete er eine gewisse Elizabeth Batts. Diese Tatsache gab Historikern im Laufe der Jahre immer wieder Anlaß zu mehr oder weniger abenteuerlichen Vermutungen. Wie immer Cook auch gewesen sein mag – leidenschaftlich und stürmisch war er nicht, und daß dieser

James Cook of ye Parish of St Paul Shadwell
in ye County of Middlesex Batchelor and
Elizabeth Batts of ye Parish of Barking
in ye County of Essex Spinster were married
in this Church by Arch Bishop of Canterbury's
Licence this twenty first day of December one
Thousand Seven Hundred and Sixty two
By   George Downing Vicar
                      of Little Wakering Essex

this Marriage was   {   Jm Cook
Solemnized between us }   Elizabeth Cook late Batts

In ye Presence   {   John Richardson
of   Sarah Brown
                         Wm Everest

Blatt aus dem Kirchenregister mit dem Eintrag von Cooks Heirat mit
Elizabeth Batts. Mrs. Cook starb im Jahre 1835 im Alter von 93 Jahren
(sie überlebte ihren Gatten um 56 Jahre). Drei ihrer sechs Kinder über-
lebten ihre Kindheit, starben aber früh, zwei von ihnen durch Ertrinken

ausgeglichene, ruhige und vorsichtige Mann einer Frau eifrig den
Hof machte, kann man sich kaum vorstellen. Andererseits kann
man sich auch kaum damit zufriedengeben, daß wir über diese Lie-
besaffäre nur deshalb nichts wissen, weil Cook nun einmal nicht
dazu neigte, über sein Privatleben zu reden. Nach allem, was wir
über ihn wissen, ist es recht gut möglich, daß er seine Frau schon

Elizabeth Cook im hohen Alter. Porträt eines unbekannten Künstlers

von Kindesbeinen an gekannt hat. Auf jeden Fall ist es sinnlos, irgendwelche Vermutungen anzustellen, denn leider spielt Mrs. Cook in der Geschichte ihres Mannes keine Rolle. Wir bedauern das sehr, weil wir sicherlich mehr Einsicht in Cooks Charakter gewinnen könnten, wüßten wir mehr von ihr. Aber leider ist das nicht der Fall, und auch über die Kinder der beiden wissen wir nichts. Wir kennen nur ihre Namen, welche Rolle sie in Captain Cooks Leben spielten, werden wir wohl niemals erfahren.

In den folgenden fünf Jahren ereignete sich in Cooks Leben relativ wenig. Er widmete sich hauptsächlich seinen Studien und vervollständigte unermüdlich seine schon vorher so umfassenden Kenntnisse. Im Frühling 1763 kehrte er nach Kanada zurück, wo er im Sommer die Ostküste vermaß und kartographierte. Im Winter ging er wieder nach England und bereitete in den folgenden Monaten seine Karten zur Veröffentlichung vor. Dieser Rhythmus wiederholte sich in den nächsten vier Jahren, in denen man ihm das Kommando über einen eigenen Schoner übertrug, um ihm die Arbeit zu erleichtern – ein Kommando, wohlgemerkt, aber kein Patent.

Man kann es kaum glauben, daß Cook immer noch Offizier ohne Patent war, als er Kanada 1767 zum letztenmal verließ! Es spricht nicht gerade für die Lords der Admiralität, daß sie aufgrund ihrer angeborenen snobistischen Überzeugung, Offiziere und Gentlemen würden geboren, aber nicht gemacht, Cook noch immer kein Patent übertragen hatten. Er hatte in der verachteten Handelsflotte gedient, er war in der Navy vor dem Mast gesegelt, er war arm, und er stammte nicht aus ihren Kreisen. Trotzdem konnten in der Admiralität zu jener Zeit kaum noch Zweifel daran bestanden haben, daß Cook der beste Seemann, Navigator und Kartograph seiner Generation war. Aber sollte man ihm ein Patent zubilligen? Kaum. Kaum – das heißt, solange nicht, bis man endlich einsah, daß man nicht gut ein Flottenschiff unter dem Kommando eines Offiziers ohne Patent rund um den Globus auf die größte Entdeckungsfahrt aller Zeiten schicken konnte. Das hätte erstens die angebliche Kompetenz aller, die ein Patent hatten, ernstlich in Frage gestellt, und zweitens hätte es sich in den Geschichtsbüchern nicht gut gemacht. Also beförderten sie ihn, mit einiger Verspätung, zum Kapitänleutnant.

Ein Kontinent verschwindet

Die Lords der Admiralität hatten einen wirklich ausgezeichneten Grund, Cook zum Kapitänleutnant zu machen: Er war nicht nur automatisch Anwärter auf die Leitung des Vorhabens, das sie planten, er war zugleich auch der einzige, der diese Aufgabe erfüllen konnte. Wir meinen natürlich die Aufgabe, an die sie insgeheim dachten, denn damals wie heute hielt die Admiralität nicht allzuviel davon, ihre Karten offen auf den Tisch zu legen, und ihre öffentlich verkündeten Pläne hatten mit dem wirklichen Vorhaben kaum etwas zu tun.

Angeblich war die Admiralität nicht einmal unmittelbar an der bevorstehenden Fahrt beteiligt. Angeblich stellte sie nur großzügig das Transportmittel für ein noch nicht genau festgelegtes Ziel im Pazifik zur Verfügung, und zwar einer Gruppe von Astronomen, die den Durchgang der Venus, die für den 3. Juni 1769 erwartete Passage der Venus zwischen Sonne und Erde, beobachten wollte. Die Astronomen waren Mitglieder der schon damals hochangesehenen *Royal Society*. Schon einmal, im Jahre 1762, hatte die Venus den Himmel zwischen Sonne und Erde passiert, doch die Beobachtungen von damals erwiesen sich als unbefriedigend bis nutzlos. Die Beobachtungen, die die *Royal Society* diesmal zu machen hoffte, sollten wichtige Aufschlüsse für die Navigation nach den Sternen bringen. (Es stellte sich dann allerdings heraus, daß die Ergebnisse von 1769 nicht besser waren als die von 1762. Die vorhandenen Instrumente waren – was die Astronomen jener Zeit nicht wissen konnten – zu empfindlich und ungenau für die Aufgabe.)

Das war der scheinbare Grund für diese Fahrt. Der Grund der Admiralität war ein ganz anderer. Frankreich versuchte, seinen Einflußbereich zu vergrößern und möglichst viele Gebiete im Pazifik zu annektieren, Großbritannien aber war entschlossen, der kontinentalen Macht das Feld nicht zu überlassen, obwohl die Briten soeben die Franzosen nicht nur aus Nordamerika, sondern auch aus Indien vertrieben hatten und bereits ein Achtel der damals bekannten Welt ihr eigen nannten. Doch damals waren die Engländer noch sehr auf Ausdehnung ihrer Erwerbsquellen bedacht, und je mehr sie besaßen, desto mehr wollten sie haben. Aus diesem Grunde hatte die Admiralität in den vorhergehenden vier Jahren

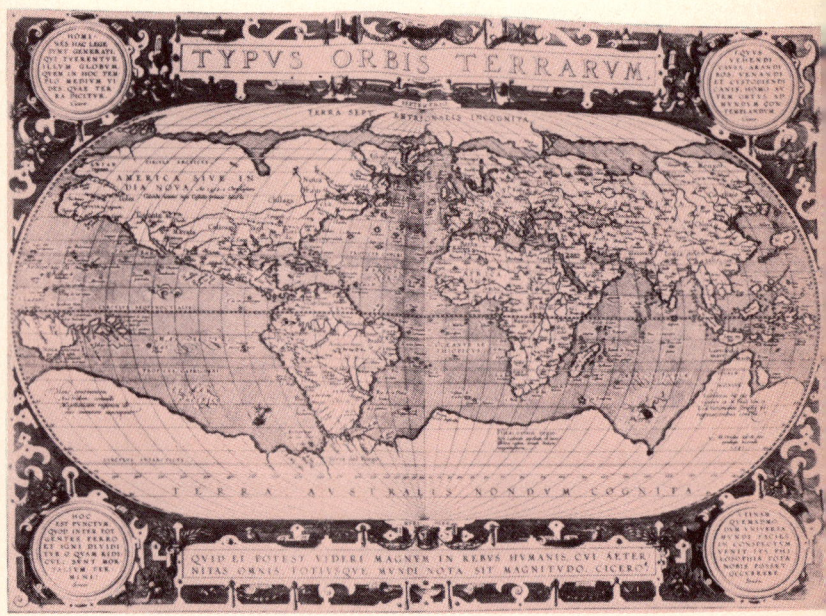

Weltkarte aus dem späten 16. Jahrhundert. Sie zeigt den unbekannten Kontinent so, wie man ihn sich damals vorstellte

bereits zwei Expeditionen in den Pazifik entsandt, die eine unter Flottillenadmiral Byron, die andere unter Kapitän Wallis. Beide hatten nicht gerade viel Glück gehabt. Byron – der berühmte Schlechtwetter-Jack – brachte es fertig, sich im Pazifik total zu verirren, was allerdings nicht besonders schwierig ist, und fand nur durch einen glücklichen Zufall wieder nach Hause. Leider hatte er nicht das geringste entdeckt. Wallis, ein außerordentlich fähiger Seemann, mußte auf der gesamten Fahrt gegen äußerst schlechte Wetterbedingungen kämpfen, aber er fand immerhin Tahiti. Die Admiralität hoffte, Cook könnte vielleicht mehr Glück haben.

Doch der eigentliche Grund der Admiralität für diese Expedition wurde Cook nur in höchst geheimen Instruktionen mitgeteilt, die allerdings verblüffend schnell in ganz London bekannt wurden. Und diese Instruktionen besagten, daß er auf seiner Fahrt versuchen sollte, einen neuen Kontinent zu finden.

Man glaubte damals, daß es in der südlichen Hemisphäre einen sehr großen Kontinent gäbe, und zwar keine Antarktis, sondern einen wohltemperierten Erdteil, der im Norden fast bis Südamerika und Neuseeland reichen und den größten Teil des südlichen Pazifiks einnehmen sollte. Einige Geographen hatten sogar schon äußerst phantasievolle Landkarten dieses Gebietes entworfen – man darf dabei allerdings nicht vergessen, daß die Menschen noch etwas mehr als zweihundert Jahre zuvor überhaupt nichts über diesen Teil der Erde gewußt hatten. Hauptsächlich wurde diese Idee von einem gewissen Alexander Dalrymple verfochten, einem Astronomen der *Royal Society*. Er war derart von seinem Glauben an diese Idee besessen, daß er Cook die Zerstörung seines Traumes niemals verzeihen konnte.

Wenn man diesen Drei-Stufen-Plan berücksichtigt, wird es klar, daß die Admiralität diesen Auftrag keinem anderen als Cook erteilen konnte. Das Vordringen in die Gewässer jenseits der »Brüllenden« vierziger Breitengrade, wo man auf Wetterbedingungen treffen konnte, von denen man bisher überhaupt nichts wußte, erforderte einen überragenden Seemann, und das war Cook zweifel-

Alexander Dalrymple,
Geograph und Mitglied der *Royal Society*, der fanatisch an den
geheimnisvollen südlichen Kontinent glaubte

los. Es erforderte einen Mann, der jederzeit feststellen konnte, wo
er sich befand – und wenn Cook mit all seinen navigatorischen
Fähigkeiten nicht mehr wußte, wo er war, dann gab es wohl auf
der ganzen Welt niemanden, der es gewußt hätte. Es erforderte
einen Kartographen, der die Küsten neu entdeckter Gebiete genau
zeichnen konnte, und niemand verstand das besser als Cook.
Schließlich – und darin steckt eine gewisse Ironie – erforderte es
einen Mann, der die angeblich astronomischen Zwecken dienende
Expedition leiten konnte. Und Cook war nicht nur ein sehr fähiger

Astronom, sondern hatte bereits für die *Royal Society* den Durchgang eines Planeten beobachtet, als er in Kanada war.

Interessant ist übrigens, daß Alexander Dalrymple, der offensichtlich eine hohe Meinung von seinen Fähigkeiten hatte, vorschlug, man solle ihm das Kommando über die Expedition übertragen. Seine Hoffnung fand ein schnelles und tragisches Ende, als Sir Edward Hawke, Erster Lord der Admiralität, mit der Faust auf den Tisch schlug und schwor, eher würde er seine rechte Hand opfern, als einem Mann, der nicht zur Navy gehörte, das Kommando über ein königliches Schiff zu geben.

Daß die Navy Cook bereits für das Kommando ausgesucht hatte, lange bevor sie ihn fragte oder ihre Wahl bekanntgab, geht aus der Tatsache hervor, daß man für die Expedition den Schiffstyp gewählt hatte, den Cook am besten kannte – ein Kohlenschiff, wie es in Whitby benutzt wurde. Es handelte sich um ein Schiff, mit dem heutzutage nur sehr unerschrockene Leute von Dover nach Calais segeln würden, und auch das nur bei günstiger Wettervoraussage. Die *Earl of Pembroke,* wie das Schiff damals hieß, machte einen wenig überzeugenden Eindruck. Sie war lächerlich klein, hatte eine breite und plumpe Back, eine hochgezogene Heckkajüte und ein quadratisches Heck. Mit allen Segeln und unter den besten Bedingungen konnte ihre Höchstgeschwindigkeit höchstens bei sieben Knoten liegen. Sie war jedoch sehr solide gebaut und hatte wie alle Whitby-Kohlenschiffe bemerkenswert gute Hochseeigenschaften. Man taufte sie auf den Namen *The Endeavour Bark* um und nannte sie nur noch die *Endeavour.*

Die *Endeavour* war sehr ausladend – an der breitesten Stelle fast zehn Meter, was für ein Schiff von nur etwas über dreißig Metern Länge außerordentlich viel ist, aber das war auch nötig. Sie sollte nicht nur annähernd hundert Besatzungsmitglieder aufnehmen, sondern auch Platz für unglaubliche Mengen an Vorräten und Ausrüstung bieten. Man sollte meinen, daß allein das Problem der Versorgung mit Lebensmitteln so gut wie unlösbar war – es galt immerhin, vierundneunzig Männer mindestens zwei Jahre lang wenigstens

notdürftig zu sättigen. (Die Grundelemente der Nahrung waren
gepökeltes Schweinefleisch und Schiffszwieback – ein Lecker-
bissen, in den sich bald ganze Scharen von Kornwürmern einniste-
ten – sowie eingemachtes Sauerkraut, das Cook so erfolgreich in
seinem Kampf gegen den Skorbut, die Geißel der Tropen, einsetzen
sollte.)

Die *Earl of Pembroke* beim Verlassen des Hafens von Whitby. Sie sollte
später ebenso berühmt werden wie die *Endeavour*

Außerdem brauchte man eine vollständige Tischler- und Schmie-
dewerkstatt. Man mußte riesige Reserven an Segeln und Tauen mitnehmen, weil damit zu rechnen war, daß bei einer Reise von dieser
Dauer beides mehrmals erneuert werden müßte. Waffen und Munition mußten untergebracht werden – Munition nicht nur für die
Gewehre, sondern auch für die zwölf Drehbassen der *Endeavour*.

Der Tafelberg am Kap. Gemälde von William Hodges

Dieses Känguruh wurde von George Stubbs nach einem von Joseph Banks
nach England mitgebrachten Fell gemalt

Der australische Dingo wurde im Gebiet des Endeavour-Flusses gesehen
und zuerst für einen Wolf gehalten. Gemälde von George Stubbs

Man mußte eine beträchtliche Warenladung zum Tauschhandel mit den vielen verschiedenen Eingeborenenstämmen mitnehmen; ferner eine komplette medizinische Ausrüstung – auf der *Endeavour* fuhr ein Schiffsarzt mit – und außerdem eine erhebliche Menge wissenschaftlicher Geräte, die viel Platz erforderten, für eine genaue

Modell der *Endeavour*, jetzt im National Maritime Museum in Greenwich

Beobachtung des Durchgangs der Venus jedoch unbedingt notwendig waren. Auf der *Endeavour* blieb kaum noch ein freies Plätzchen übrig.

Die Besatzung der *Endeavour* war ebenso buntscheckig zusammengewürfelt wie die Ladung, die das Schiff trug. Als zweiten Kommandoführenden hatte Cook sich Zachary Hicks ausgesucht, der um viele Jahre jünger als er, aber ein ausgezeichneter Seemann war. John Goré, der Zweite Offizier, war bereits mit Wallis rund um die Erde gesegelt und erst vor kurzem von dieser Fahrt nach England zurückgekehrt. Es gab ungefähr vierzig tüchtige Seeleute an Bord, eine Handvoll Leutnants zur See, zwölf Seesoldaten, einige Sekretäre, acht Diener und die von der Royal Society ausgesuchten Wissenschaftler.

Der wichtigste Angehörige dieser Gruppe war Joseph Banks, Mitglied der *Royal Society* und ein immens reicher junger Mann, der seine Zeit nicht etwa in besseren Londoner Clubs verbrachte, wie es damals Sitte war, sondern es vorgezogen hatte, Naturwissenschaftler zu werden. Er war ein ungewöhnlich begabter und leidenschaftlicher Botaniker. Es konnte kein Zweifel daran bestehen, daß Banks sich einen Platz auf der *Endeavour* erkauft hatte – angeblich hatte er sich diese Ehre zehntausend Pfund kosten lassen, das war damals ein Vermögen –, aber er kam nicht nur zum Vergnügen mit. Er war seiner selbstgewählten Lebensaufgabe schrankenlos ergeben, wie er später unter Beweis stellte, als er Präsident der *Royal Society* wurde und diesen Posten fast ein halbes Jahrhundert innehatte. In dieser Zeit herrschte er unangefochten über die wissenschaftliche Welt Großbritanniens.

Banks brachte Dr. Carl Solander, einen berühmten schwedischen Botaniker, Alexander Buchan, einen Landschaftsmaler, und den Tier- und Pflanzenmaler Sydney Parkinson mit; in seiner Begleitung befanden sich außerdem vier Diener, darunter zwei Neger, und ein Mr. Sporing, der lediglich als Sekretär verzeichnet wurde. Unabhängig von dieser Gruppe befand sich Charles Green, der offizielle Astronom der *Royal Society*, an Bord, der mit Cook für

Resolution und *Adventure*, in der Matavai-Bucht, Tahiti, vor Anker liegend. Gemälde von William Hodges

Lieu: James Cook,
Endeavour Bark 〉 7
Deptford . . . . 15. Let the following Provision be sent to
the said Bark as desired. Viz:–

Bread in Bags	21.226 Pounds.
Ditto in Butts	13.440 Pounds.
Flour for Bread, in Barrells	9.000 Pounds.
Beer in Puncheons	1200 Gallons.
Spirits	1600 Gallons
Beef	4000 Pieces.
Flour in lieu of Ditto in half Barrell	1400 Pounds.
Suet	800 Pounds.
Raisins	2.500 Pounds.
Pease, in Butts	187 Bushells.
Oatmeal	10 Ditto.
Wheat	120 Bushells.
Oil	120 Gallons.
Sugar	1500 Pounds.
Vinegar	500 Gallons.
Sour Krout	7860 Pounds.
Malt in Hogsheads	40 Bushells
Salt	20 Ditto.
Pork	6000 Pieces.
Mustard Seed	160 Pounds.

+ And Acquaint him, And Write the Commrs of the Excise

Vorratsliste aus der Zeit der Reisen mit der *Endeavour*. Bemerkenswert ist die große Menge Sauerkraut, die Cook stets für Offiziere und Mannschaft zur Verhütung von Skorbut mitnehmen ließ

die Beobachtung des Durchgangs der Venus verantwortlich war. Außerdem wurde noch eine Ziege mitgenommen – sie hatte die Welt bereits mit Wallis umsegelt und sollte die Offiziere mit frischer Milch versorgen.

Doch auch bei dieser verschwenderisch ausgerüsteten und mit den hervorragendsten Seeleuten bemannten Expedition, die England je verlassen hatte, mußte es eine kleine Panne geben, und die ließ auch nicht lange auf sich warten. Der Erste Koch war einbeinig und deshalb für eine Seereise wenig geeignet. Verständlicherweise war Cook verärgert und forderte unverzüglich einen anderen Koch an. Der andere kam – ihm fehlte eine Hand.

Inzwischen hatten sowohl die Admiralität als auch die Royal Society den Bericht des vor kurzem zurückgekehrten Wallis studiert und geprüft, welche Folgerungen daraus zu ziehen seien. Die *Society* forderte von der Admiralität, der Durchgang der Venus müsse von Tahiti aus beobachtet werden. Die Admiralität kam dieser Forderung nach, zum Teil vielleicht, weil Tahiti zu den wenigen pazifischen Inseln gehörte, deren Lage zwischen den Breiten- und Längengraden wenigstens annähernd bekannt war, hauptsächlich aber wohl, weil es der Admiralität gleichgültig war, welchen Teil des Pazifiks Cook sich aussuchte, wenn er nur auf der Suche nach jenem legendären Kontinent weiter nach Süden fuhr, sobald der Durchgang beobachtet und genau verzeichnet worden war.

Die *Endeavour* setzte im August 1768 vor Plymouth die Segel. Die Reise in den Süden, nach Madeira, das man am 13. September erreichte, verlief ziemlich eintönig, doch die Ankunft wurde durch ein trauriges Ereignis überschattet. Als sie vor Anker gingen, verfing sich der Hauptmaat im Ankertau, wurde auf den Grund des Hafens hinuntergezogen und war bereits tot, als man das Seil wieder hochgehievt hatte. Es ist bezeichnend und charakteristisch für die damalige Zeit, daß sein Tod anscheinend keine besonders deprimierende Wirkung auf die Mannschaft ausübte. Das soll nicht heißen, das Leben sei in jenen Tagen nichts wert gewesen – der Tod wurde indessen mit einer stoischen Ruhe hingenommen, die in unseren

Ein Tahitianer im Trauerornat

Die Bay of Good Success, Tierra del Fuego. Alexander Buchnan, von dem das Bild stammt, starb im weiteren Verlauf der Reise auf Tahiti

Ein Maori und ein Mann der Besatzung der *Endeavour* beim Austausch eines Taschentuches gegen einen Krebs. Gemalt von einem unbekannten Mitglied der Mannschaft

Ein James-Gregory-Spiegelteleskop, 60 cm lang, für die Beobachtung des Durchgangs der Venus zwischen Sonne und Erde

westlichen Kulturen heute unbekannt ist. Besonders für Seeleute, die in die Tropen fuhren, gehörte der Tod fast unvermeidlich und untrennbar zum täglichen Leben. Ein Schiffskapitän, der eine Rundreise durch den Pazifik unternahm, konnte sich glücklich schätzen, wenn bei seiner Rückkehr noch fünfundsiebzig Prozent der ursprünglichen Besatzung am Leben waren.

In Madeira nahm man beträchtliche Vorräte an Wasser und Wein an Bord – wenn man die Mengen von Rum und Wein berücksichtigt, die damals täglich von jedem Angehörigen der Flotte vertilgt wurden, kann man nur noch darüber staunen, daß die *Endeavour* jemals die Isle of Wight erreichte, von der Weltumsegelung ganz zu schweigen. Außerdem wurden frisches Fleisch, frische Früchte, Zwiebeln und frisches Gemüse geladen. Cook nahm zu Recht an, daß der Skorbut nur mit frischen Lebensmitteln erfolgreich bekämpft werden konnte, und er bestand darauf, daß die Besatzung sich an seine Essensvorschriften hielt. Die erste Bestrafung, die Cook auf der Fahrt vornehmen ließ, traf zwei Besatzungsmitglieder, die er dabei ertappt hatte, daß sie sich weigerten, frisches Fleisch zu essen. Cook ließ die beiden auspeitschen. Das scheint eine drakonische Strafe für ein so kleines Vergehen zu sein, aber Cooks Strenge war voll gerechtfertigt, wie Aufzeichnungen über den Gesundheitszustand seiner Besatzungsmitglieder in den nächsten Jahren zeigen sollten. Im Gegensatz zu allen anderen Schiffen jener Zeit wurden diejenigen, die unter Cooks Kommando standen, kaum jemals vom Skorbut heimgesucht.

Man kreuzte den Äquator und nahm Richtung auf die südamerikanische Küste. Banks und seine Kollegen waren vollauf beschäftigt. Mit Netzen, Gewehren und Angeln konnten sie zahlreiche Tiere erjagen, die alle ordnungsgemäß in die große Kajüte auf dem Achterschiff geschafft wurden. Dort waren die Wissenschaftler jeden Tag stundenlang beschäftigt, die einzelnen Exemplare zu sezieren, zu konservieren, zu klassifizieren und zu zeichnen. Als die *Endeavour* wieder vor Anker gehen konnte, brachten die Botaniker so viele unbekannte Pflanzenarten aufs Schiff zurück, daß die Arbeit in der großen Kajüte vom frühen Morgengrauen bis zum Einbruch der Dunkelheit dauerte.

Während die *Endeavour* an der Küste Südamerikas nach Süden segelte, beschloß Cook, vor der damals portugiesischen Niederlassung Rio de Janeiro zu ankern, um frisches Wasser und frische Nahrungsvorräte zu laden – für viele tausend Seemeilen war dies

die letzte Gelegenheit zur Erneuerung der Vorräte. »Nach dem
Empfang, der hier früheren Schiffen zuteil wurde«, schrieb Cook,
»bezweifle ich nicht, daß man uns gut aufnehmen wird.«

Doch leider kam es anders. Cook schickte seinen Kapitänleutnant
mit dem Beiboot ans Ufer, und Hicks hatte kaum das Land betreten,
als er auch schon festgenommen wurde. Bewaffnete Soldaten legten
ab, und Offiziere kamen an Bord und fragten Cook außerordentlich

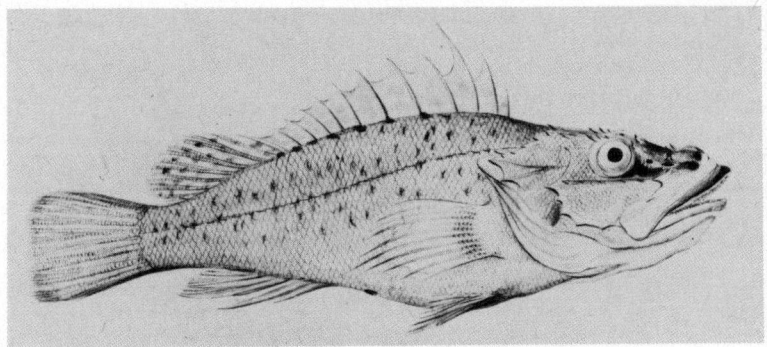

Ein Skorpionfisch *(Pontinus kuhlii)*. Sydney Parkinson, Botaniker und
Zeichner, der Banks auf seiner ersten Reise begleitete, hat ihn in der Nähe
von Madeira gezeichnet

gründlich nach den Gründen für seinen Besuch aus. Offensichtlich
glaubten weder sie noch ihr Vizekönig an Land auch nur einen
Augenblick daran, daß die *Endeavour* ein Schiff der *Royal Navy*
wäre. Man kann ihnen das kaum übelnehmen, denn etwas weniger
Militärisches als dieses schwerfällige Kohlenschiff aus der Nordsee
konnte man sich kaum vorstellen. Also konnte es sich nur um Frei-
beuter oder Schmuggler, um Schwarzhändler oder ganz einfach
Spione handeln. Sie hielten das königliche Patent Cooks für eine
Fälschung und fanden seine Erklärungen über die Beobachtung
des Durchgangs der Venus äußerst unglaubwürdig, zumal sie davon
noch nie etwas gehört hatten.

Schließlich gelang es Cook, Hicks freizubekommen, und er erhielt die Erlaubnis, Wasser und frische Vorräte an Bord zu nehmen – in einer Atmosphäre von wachsamer Feindseligkeit. Außer Cook selbst durfte kein einziges Besatzungsmitglied an Land gehen – trotzdem brachten Banks und seine beiden Diener es fertig, einige unerlaubte Ausflüge zu machen und mehrere hundert Pflanzenarten zu sammeln und an Bord zu nehmen.

Eine Zeichnung Sydney Parkinsons. Dargestellt ist der brasilianische Blaurücken-Graszupfer *Volatinia jacarina*

Wegen des unfreundlichen Empfangs in Rio de Janeiro und ungünstiger Winde, die die Abreise verzögerten, kostete der ursprünglich beabsichtigte kurze Besuch jenes Hafens Cook nicht
weniger als vierundzwanzig Tage. Interessant ist, daß dieser nor-
malerweise so außerordentlich friedfertige Mann genauso in Wut
geraten konnte wie jeder andere: Die Briefe, in denen er der Admiralität die Ereignisse in Rio schilderte, lassen keinen Zweifel darüber
zu.

Sie segelten am 7. Dezember ab. Weihnachten feierten sie irgendwo auf halbem Weg zwischen Rio und Kap Horn, und aus
den Notizen, die sowohl Cook als auch Banks am folgenden Tag
machten, geht deutlich hervor, daß die Besatzung der *Endeavour*
trotz der großen Entfernung von ihrer Heimat und ihren Angehörigen überhaupt nicht daran dachte, auf die gewohnte festliche Weih-
nachtsstimmung zu verzichten. »Weihnachten«, berichtete Banks.
»Alle guten Christen, will sagen sämtliche Leute an Bord, betranken
sich fürchterlich, so daß es kaum noch einen nüchternen Mann
auf dem Schiff gab. Wind Gott sei Dank sehr mäßig, was sonst
aus uns geworden wäre, weiß nur der Herr.« Cook notierte kurz
und sachlich: »Da gestern Weihnachten gefeiert wurde, waren die
Leute nicht gerade nüchtern.« Da schon die normale Flüssigkeits-
beziehungsweise Alkoholration für jedes Besatzungsmitglied aus
Bier nach Wunsch sowie wahlweise einem halben Liter Wein, einem
Viertelliter Rum oder einem Viertelliter Brandy bestand, kann man
sich leicht vorstellen, welche Szenen sich am Weihnachtstag des
Jahres 1768 an Bord der *Endeavour* abgespielt haben.

Hier zeigt sich ein Charakterzug Cooks, der gar nicht in das
übrige Bild zu passen scheint. Er konnte gelegentlich sehr nachsich-
tig sein. Er hielt zwar streng auf Disziplin, aber er ging nie brutal
vor – obgleich er andererseits auch nicht davor zurückschreckte,
einem Matrosen wegen einer besonders abscheulichen Tat die Ohren abschneiden zu lassen. Doch wenn die Umstände es erlaubten,
wenn keine unmittelbare Gefahr oder kein unmittelbarer Anlaß
zu besonderer Wachsamkeit bestanden, hatte Cook nichts dagegen,

daß die Mannschaft sich – in der einzigen Art, die sie kannte – erholte, während er den Vorgängen um sich herum anscheinend blind und taub gegenüberstand. Einmal schlugen seine Leute übrigens derart über die Stränge, daß Cook gezwungen war, sie an Land zu setzen und geduldig zwei Tage zu warten, bis sie imstande waren, ihren Pflichten wieder nachzukommen.

Seine Zeitgenossen und ebenso die folgenden Generationen hielten Cook für einen harten, strengen und introvertierten Einzelgänger. Für seine Offiziere und Männer war er eine Vaterfigur, sie verehrten ihn so sehr, daß es schon an Anbetung grenzte. Fünf Jahre später, als Cook an einer schweren Gallenblaseninfektion erkrankte, sprachen die Mitglieder der Besatzung von einer Atmosphäre der Trauer und Verzweiflung auf dem Schiff, diesmal handelte es sich um die *Resolution*. Als er schließlich wieder, bleich und schwankend, auf Deck erschien, schrieb ein Chronist, habe man in allen Gesichtern, vom höchsten Offizier bis zum niedrigsten Burschen an Bord, die Freude lesen können. Und das berichtete ein berüchtigter Seemann, den Cook wiederholt wegen Trunkenheit während der Dienstzeit und wegen mehrfacher Versuche zu desertieren auf verschiedenen pazifischen Inseln hatte auspeitschen lassen. Der Schiffsarzt der *Resolution* schrieb nach Cooks Tod: »In jeder Situation entschied er unangefochten und allein; auf ihm ruhten alle Blicke. Er war unser Leitstern, der uns bei seinem Untergang in Dunkelheit und Verzweiflung zurückließ.« Je mehr sie sich Kap Horn näherten, desto schlechter wurde das Wetter. Die Temperatur sank immer mehr, bis die in dicke wollene Schutzjacken gehüllten Seeleute gezwungen waren, vor den eisigen Stürmen, die das kleine Schiff wie ein Wrackteil hin und her warfen, unter Deck zu flüchten. Über die rein körperlichen Strapazen, die man damals auf den Schiffsreisen ertragen mußte, ist viel zuwenig bekannt. Die Kajüten für die Unterbringung der Besatzung waren unglaublich klein und ständig überfüllt, und die Hauptnahrungsmittel – Pökelfleisch und von Kornwürmern angefressener Zwieback oder Brot – spotteten jeder Beschreibung. Am meisten aber

litten alle unter dem unaufhörlichen Erschöpfungszustand. Für die
Mannschaften auf jenen Segelschiffen gab es fast nie einen Augenblick Ruhe. Sie setzten die Segel und rollten sie ein, sie hielten
Kurs und schufteten und sprangen hierhin und dorthin, und in
jeder wachen Minute mußten sich die frierenden, müden und hung-
rigen Männer der unaufhörlichen Bewegung des Schiffes entgegen-
stemmen. Jeder, der auch nur ein paar Stunden bei schlechten Wetterbedingungen an Bord eines Schiffes verbracht hat, wird wissen,
wie schnell die Reserven an körperlicher Energie unter diesen Umständen aufgezehrt werden können. Manchmal mußte die Besatzung der *Endeavour* wochenlang ständig gegen Stürme kämpfen;
manchmal war sie monatelang ohne Unterbrechung auf See. Wenn
man am Ende einer Reise oder am Ende eines Reiseabschnitts das
Ziel erreichte, befanden sich alle unweigerlich in einem Zustand
totaler Erschöpfung. Als das Schiff einmal nach einer besonders
scheußlichen Fahrt in Kapstadt eintraf, taumelten die Männer an
Land, sie hatten nur noch den Wunsch, endlich festen Boden unter
den Füßen zu spüren. Dann fielen sie sofort um und schliefen am
Straßenrand ein. Kein Wunder, daß Captain Cook seinen Leuten
nach jeder Landung am Ende einer langen Fahrt erlaubte, sich auf
ihre gewohnte Weise zu erholen und sich gehen zu lassen. Er mußte
ihnen einfach ein paar Tage Ruhe gönnen, damit sie wieder neue
Kräfte sammeln konnten.

Bemerkenswert ist, daß die eisige Witterung, der die *Endeavour*
jetzt auf ihrer Fahrt nach Kap Horn ausgesetzt war, ungefähr Mitte
Januar auftrat – in einer Zeit, da auf der südlichen Halbkugel Hochsommer herrscht. Cook sollte übrigens Jahre später noch mehr
als tausend Meilen näher an den Südpol heransegeln – eine geradezu
unwahrscheinliche Leistung.

Am 12. Januar 1769 ankerte die *Endeavour* vor der unglaublich
tristen Einöde, die Feuerland heißt, der Insel im Süden des südamerikanischen Kontinents. Auf Banks Bitte – er wollte mit seinen
Kollegen an Land gehen, um Pflanzen zu sammeln – segelte Cook
in eine Bucht hinein, die er Bucht des Guten Erfolgs nannte. Er

Eingeborene von Tierra del Fuego. Ihre Hütten waren, wie Cook in seinem Tagebuch schreibt, »wie Bienenkörbe gebaut«. »Sie müssen eine sehr abgehärtete Rasse sein«, meinte er, »da die Hütten weder gegen Wind, Hagel, Regen oder Schnee geschützt sind«

hat, nebenbei bemerkt, unzähligen Plätzen auf der Landkarte ihren Namen gegeben, großen und kleinen Buchten, Flüssen, Vorgebirgen, Kaps, Bergen und Inseln. Es mag bedauerlich sein, daß er diese Namen allzuoft der britischen Aristokratie entlehnte – Cook erwähnte seine politischen Ansichten niemals, wozu er wohl auch

keinen Grund hatte –, und vor allem die Namen der Lords der
Admiralität und diverser einflußreicher Gönner benutzte, aber
schließlich muß man berücksichtigen, daß er die zahlreichen Namen ja irgendwo hernehmen mußte. Mit wenigen Ausnahmen –
einige pazifische Inseln beispielsweise nahmen wieder ihre ursprünglichen Bezeichnungen an – sind fast all diese Namen erhalten
geblieben. Es entbehrt nicht der tragischen Ironie, daß der Name,
den Cook einer seiner wichtigsten Entdeckungen, einer Inselgruppe
im nördlichen Pazifik, verlieh, nicht erhalten blieb, sondern durch
den ursprünglichen ersetzt wurde. Cook taufte sie nach seinem
Freund und Gönner Lord Sandwich auf den Namen Sandwich-Inseln. Heute sind sie, unter ihrer ursprünglichen Bezeichnung, als
Hawaii-Inseln bekannt: Am Strand von Hawaii sollte Cook den
Tod finden.

Banks ging mit seiner Gruppe an Land und kehrte kurz vor Einbruch der Dunkelheit zurück. Er war sehr aufgeregt, denn man
hatte eine große Anzahl von Pflanzen gefunden, die in Europa völlig
unbekannt waren. Zwei Tage später führte Banks eine Gruppe von
zwölf Männern an Land. Ihr Ziel waren einige kleinere, nur wenige
Kilometer von der Küste entfernte Berge. Sie kamen jedoch nur
langsam voran, da wider Erwarten ein Sumpf vor den Bergen lag.
Plötzlich bezog sich der Himmel und es fing an zu schneien. Da
erlitt der Landschaftsmaler Alexander Buchan einen epileptischen
Anfall. Man hatte gewußt, daß er Epileptiker war – es wird für
immer ein Geheimnis bleiben, weshalb man ihn trotzdem auf der
Endeavour mitgenommen hatte. Banks und seine Gruppe halfen
ihm so gut es ging und zündeten ein Feuer für ihn an. Mit drei
anderen Männern eilte Banks zu den Hügeln und erlebte dort eine
Sternstunde in seiner Laufbahn als Botaniker. Dann kehrte er dorthin zurück, wo er den Rest der Gruppe verlassen hatte. Buchan
hatte sich schon recht gut erholt, so daß Banks beschloß, unverzüglich den Rückweg zum Schiff anzutreten.

Unglücklicherweise setzte jetzt ein außerordentlich dichtes
Schneetreiben ein, das ihr Vorankommen sehr erschwerte, und sie

trafen erst am folgenden Morgen wieder an Bord ein. Im Laufe der Nacht starben die beiden Neger, die Banks mitgenommen hatte, ein Vorfall, der nicht so sehr auf ihr Unvermögen zurückging, die Kälte zu ertragen, als auf die Tatsache, daß sie während Banks' Abwesenheit den gesamten Rumvorrat der kleinen Expedition aufgetrunken hatten.

Die *Endeavour* setzte ihre Fahrt durch die Le-Maire-Straße fort und fuhr um Kap Horn. Sie hatte nicht gegen stürmischen Seegang zu kämpfen, wie es bei der Umrundung dieses Kaps meist der Fall ist. Das Wetter hatte sich sehr gebessert, die Sonne schien und die See ging ruhig, so daß Cook die Fahrt um Kap Horn – das war typisch für ihn, wenn er genügend Zeit hatte – sehr gemächlich gestaltete, wobei er sorgfältig Meerestiefe und Küste vermaß, kartographierte und mit großer Genauigkeit die Länge und Breite berechnete.

Die Kapumrundung war zweifellos ein epochales Ereignis, gewissermaßen eine Leuchtboje in der Geschichte des Pazifischen Ozeans. Sie veränderte den Lauf der pazifischen Geschichte. Ob das nun gute oder böse Folgen haben sollte – die meisten Leute werden wohl sagen: böse Folgen, und da stimme ich von ganzem Herzen zu –, ist hier, für den Bericht über Cooks Fahrten, nur in einer Hinsicht interessant: Cook äußerte nämlich selbst wiederholt die Befürchtung, der weiße Mann werde, wohin er auch im Pazifik käme, überall mit anderen Weißen zusammenstoßen, und die Auseinandersetzung zwischen ihnen würde früher oder später zwangsläufig zu Niedergang, Ausbeutung und Elend führen. Fest steht nur, daß es im pazifischen Raum nach dem 24. Januar 1769 nie wieder so sein sollte wie vorher.

Natürlich waren vor Cook schon andere Leute in jenen Gewässern gewesen, so zum Beispiel Drake und auch Quiros, doch ihre Fahrten waren ohne Folgen geblieben. Der kühne und stürmische Bougainville, der französische Segelabenteurer, der genau zu der Zeit, als sich Cook im Sankt-Lorenz-Strom befand, durch die britische Blockade des Flusses geschlüpft war, hatte Tahiti bereits einen kurzen Besuch abgestattet. Auch Tasman hatte jene Gewässer berührt, doch nur am westlichen oder australischen (damals neuholländischen) Ende. Flottillenadmiral Byron, der Schlechtwetter-Jack, war quer durch den Pazifik gesegelt, ohne eine Menschenseele zu sehen oder von einer Menschenseele gesehen zu werden, er zählte also kaum. Und Wallis war schon in Tahiti gewesen, doch eben nur dort.

Nun aber kam zum erstenmal ein Mann in den Pazifik, der stets präzise seinen Weg fand, wohin er auch wollte, ein Mann, der auch nach der Abreise immer genau wußte, wo er sich befunden hatte. Dieser Mann war dazu bestimmt, den Pazifik in allen Richtungen zu durchstreifen, auf seinen langen und komplizierten Fahrten

Sydney Parkinsons Zeichnung eines tropischen Rotschwanzes *(Phaeton rubricanda)*

mehr Inseln zu entdecken und mehr Völkern die Bekanntschaft des weißen Mannes zu vermitteln, als alle seine Vorgänger zusammen. Jetzt kam der Mann, würden Zyniker sagen, der den Pazifik für die Wohltaten und Reichtümer der modernen westlichen Zivilisation erschloß. Man hat in der Tat zahlreiche Bücher geschrieben, in denen man Cook für den Schaden, der letztlich durch seinen Vorstoß in den Pazifik verursacht wurde, glattweg verdammte. Doch leider kann ein Mann ein Buch schreiben und trotzdem äußerst beschränkt sein, und die betreffenden Autoren sind wirklich sehr beschränkt. Wenn Cook nicht gekommen wäre, wäre es ein anderer gewesen. Kann man denn wirklich so naiv sein zu glauben, der Pazifik wäre ohne Cook heute immer noch eine unwegsame und unentdeckte Wasserwüste? Es war wohl einfach so, daß ein blindes Schicksal sich Captain Cooks bediente, als der Ozean reif war für die Entdeckung durch den Menschen.

Die *Endeavour* segelte unter den besten Wetterbedingungen nordwestlich. Es war eine angenehme, allerdings ein wenig eintönige Fahrt, die nur dadurch getrübt wurde, daß ein junger Matrose über Bord ging. Es hieß, er wäre beim Stehlen eines Sealpelzes erwischt worden, aus dem er sich eine Tasche machen wollte, und um Cook nicht als Dieb gegenübertreten zu müssen, hätte er Selbstmord begangen. Diese Geschichte klingt allerdings etwas unwahrscheinlich.

Am 13. April 1769, acht Monate nach der Abfahrt von England, kam die *Endeavour* in Tahiti an. Erstaunlicherweise stand kein einziger Mann auf der Krankenliste und an Bord befand sich kein einziger Skorbutfall, das war in jenen Tagen nach einer achtmonatigen Seereise eine außerordentliche Leistung, die beinahe unglaubhaft klingt. Dieser glänzende Erfolg war Cooks strengen Ernährungsvorschriften zu verdanken. Zweifellos war das Sauerkraut das wichtigste Kampfmittel gegen die gefährliche Krankheit. Am Anfang – so berichtet Cook in seinem Tagebuch – hatte er die größten Schwierigkeiten, seine Männer zum Verzehren dieses seltsamen, fremdartigen Gerichts zu bewegen, doch er löste das Problem, indem er dafür sorgte, daß seine Offiziere das Kraut mit einem derartig offensichtlichen Appetit und begleitet von so begeisterten Ausrufen verspeisten, daß die Neugier einige Besatzungsmitglieder veranlaßte, davon zu kosten, bis sie immer größere Mengen davon aßen und Cook schließlich gezwungen wurde, es zu rationieren. Man fragt sich unwillkürlich, weshalb er diese geschickte Psychologie und arglistige Überredung nicht auch bei den beiden Männern angewandt hatte, die in Madeira ausgepeitscht worden waren, weil sie kein frisches Fleisch essen wollten. Vermutlich hatten sich gewisse Probleme ergeben, als er vor der Frage stand, die gesamte Besatzung auspeitschen zu lassen.

Neuseeland wird kartographiert

Ich habe die Beobachtung gemacht, daß die Biographen des Captain Cook, sobald sie bei dessen erster Ankerung vor Tahiti angelangt sind, pflichtschuldig eine Weile innehalten, um etwa zwanzig Seiten lang von den Schönheiten und Wundern dieses sonnigen tropischen Paradieses zu schwärmen, von dem blauen Himmel und dem noch blaueren Meer, von den weißen Strömen, die von bewaldeten Berghängen herabschießen, von den sich wiegenden Palmen und goldenen Stränden (die in der Bucht, wo Cook landete, in Wirklichkeit schwarz waren). Und es scheint unerläßlich, ein paar Worte über die goldbraunen Insulaner zu sagen, die dieses neue Eden bewohnten, über die gutaussehenden Männer, die bildschönen Mädchen, über ihr einfaches, natürliches Leben und ihren liebenswürdigen Charakter.

Tatsächlich läßt sich kaum etwas gegen diese Methode einwenden, außer einem kurzen Hinweis darauf, daß eben diese goldbraunen Jungen und Mädchen Kindestötungen und Ritualmorde begingen und die blutigsten, grausamsten und mörderischsten Stammeskämpfe in ganz Polynesien führten, und daß sie Raub und Taschendiebstahl so gewandt beherrschten, daß Fagin sich dazu veranlaßt gesehen hätte, seinen Gewerkschaftsausweis zurückzugeben. Doch läßt sich auch kaum etwas zu Gunsten dieser Methode sagen. Sie ist sehr erbaulich, aber irrelevant. Für einen ungeschminkten historischen Bericht genügt eine kurze Beschreibung des Hintergrundes; es ist nicht nötig, Rembrandt oder Turner nachzueifern, und außerdem kann man das alles viel besser in den

Reiseführern nachlesen. Und schließlich macht sich jeder sein eigenes Bild von Tahiti, der berühmtesten romantischen Insel der Welt. Wer noch nichts von ihr gehört hat, ist offensichtlich Analphabet und würde dieses Buch ohnehin nicht lesen. Gehen wir also davon aus, daß wir über Tahiti bereits einiges gelesen haben.

Als die *Endeavour* in der Matavai-Bucht vor Anker ging, legten am Strand auch schon buchstäblich Hunderte von Kanus ab und umringten das Schiff. Die Eingeborenen waren fröhlich und freundlich, heiter und bunt gekleidet. Cook blieb trotzdem vorsichtig. Sein Zweiter Offizier, Gore, der mit Wallis auf der *Dolphin* gesegelt und schon zwei Jahre vorher auf Tahiti gewesen war, hatte ihn vor der Unberechenbarkeit der Polynesier und ihrem gelegent-

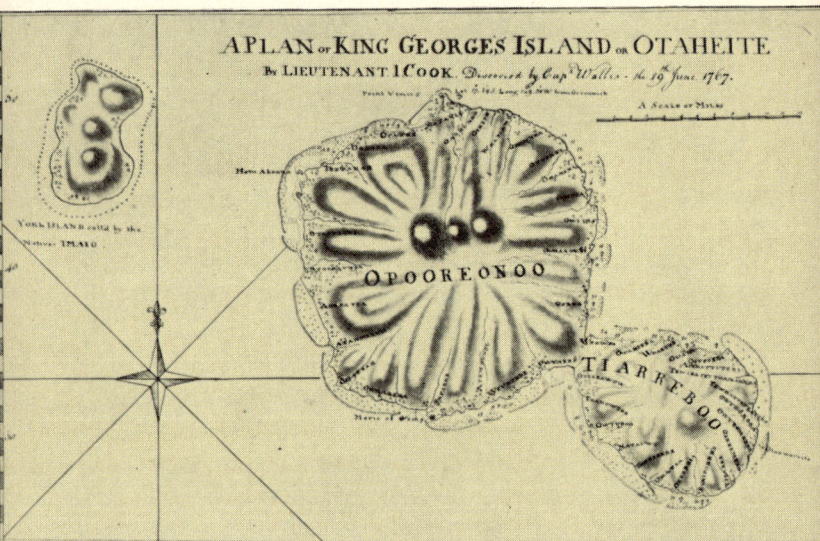

Cooks Karte von Tahiti mit Point Venus und Matavai Bay am nördlichsten Zipfel. Tahiti war von Captain Wallis am 19. Juni 1767 entdeckt worden

lichen Hang zu Treulosigkeit und Verrat gewarnt. Als die ersten beiden Boote der *Dolphin* gelandet waren, hatte man sie mit Speeren und Steinen angegriffen, und Wallis war gezwungen gewesen, auf seine Angreifer zu feuern, wobei er einen Insulaner tötete und mehrere andere verwundete. Die *Dolphin* sah sich einer feindlichen Flotte von Hunderten von Kanus und Tausenden von Männern gegenüber und mußte sich die Landung mit Hilfe ihrer Kanonen gewaltsam erzwingen, bevor die Tahitier sich geschlagen gaben.

Doch die fröhliche Schar, die heute aufs Meer hinausgefahren war, um die Engländer zu begrüßen, wirkte keineswegs kriegerisch. Der ehemalige Dorfhäuptling O'whaha – diese Schreibweise ist so legitim wie jede andere, da alle polynesischen Namen auf hundert verschiedene Arten buchstabiert werden können – erkannte Gore und begrüßte ihn herzlich. Von diesem Augenblick an war ihr Gastrecht gesichert.

Die ersten beiden Tage verbrachte man damit, diesen Teil der Insel und die Leute, die hier etwas zu sagen hatten, kennenzulernen. Die Tauschbedingungen für frische Nahrungsvorräte wurden ausgehandelt, und man lernte ständig auf der Hut zu sein, damit der Inhalt der Taschen nicht urplötzlich spurlos verschwand.

Cook beschloß, sein Observatorium für die Beobachtung der Venus am Ufer aufzubauen. Dort hatte er eine feste Plattform für seine verschiedenen Geräte und weit mehr Ellbogenfreiheit als auf dem überfüllten Deck der *Endeavour*. Als Standort für sein Observatorium – später nannte man diesen Platz das Fort – suchte Cook eine sandige Landzunge im Nordosten der Matavai-Bucht aus. Diese Stelle lag für den Fall, daß es zu irgendwelchen Scherereien kommen sollte, in Reichweite der Bordkanonen der *Endeavour*, und dazu mündete der Waipupu-Fluß genau auf der anderen Seite der Landzunge ins Meer – das bedeutete, daß sie jederzeit über genügend frisches Wasser verfügen konnten.

Am 15. April, zwei Tage nach der Ankunft, nahm Cook eine Gruppe von Männern mit an Land und führte sie zum Standort des künftigen Forts. Hier steckte er den Umkreis ab, und die Bauar-

Captain Wallis verteidigt sich bei seiner Landung auf Tahiti

beiten begannen. Es handelte sich um eine ziemlich primitive Angelegenheit – man errichtete auf drei Seiten Erdwälle mit tiefen Gräben dahinter, und die Erdwälle wurden von Palisaden gekrönt, die man aus Bäumen der nahen Wälder zurechtschnitt. Im Osten, dem Fluß gegenüber, benutzte man dazu Schiffstonnen. Dann wurde ein Tor gebaut, und innerhalb der Befestigungswälle, auf denen nun einige Schiffskanonen standen, stellten sie Zelte auf. Die Zelte waren für die Besatzung, die Wissenschaftler, die Offiziere, das Observatorium, die Schmiedewerkzeuge und für die Küche bestimmt. Die Tahitier halfen äußerst willig bei den Bauarbeiten und begriffen offenbar gar nicht, daß man das Fort in erster Linie als Schutz vor ihnen selbst errichtete.

Rund um das Fort zog man eine Furche: Diese sollten die Tahitier auf gar keinen Fall überschreiten. Leider kümmerten sie sich nicht um diese Anordnung, und das verursachte in Verbindung mit ihrer angeborenen Neigung zum Diebstahl den Tod eines der ihren. Eines Tages, als Cook und Banks gerade auf Entenjagd waren, hörten sie aus dem Fort einen Schuß. Sie liefen zurück und fanden einen toten Tahitier vor dem Fort. Von den vielen Eingeborenen, die noch kurz vorher dort versammelt gewesen waren, war jetzt nichts mehr zu sehen. Wie es bei unvorhergesehenen gewalttätigen Aktionen fast unweigerlich der Fall ist, verwickelten sich die Zeugen auch diesmal heftig in Widersprüche, als es zu klären galt, wie die Sache passiert war. Klar war jedoch, was passiert war: Ein Eingeborener hatte einen Wachposten zur Seite gestoßen, seine Muskete ergriffen, war damit fortgerannt und niedergeschossen worden.

Verständlicherweise dauerte es einige Zeit, bis die Männer der *Endeavour* und die Tahitier sich miteinander aussöhnten. Mit Hilfe von O'whaha erklärte Cook ihnen, was für ein schweres Verbrechen es sei, die Muskete zu stehlen, und die Tahitier gaben zu, daß jedermann das gute Recht habe, mit allen ihm passend dünkenden Mitteln zurückzuschlagen, wenn er glaubte, man habe ihm ein Unrecht angetan. Das entsprach ihrem eigenen Moralkodex. Cook scheint befriedigt darüber gewesen zu sein, daß sie seinen

Standpunkt teilten, ihre Lektion lernten und jetzt wußten, daß sie den Weißen nichts stehlen durften. Doch es ist fast absolut sicher, daß sie überhaupt nichts dergleichen begriffen und sich insgeheim wahrscheinlich verwundert fragten, was das ganze Getue eigentlich sollte. Die Tahitier waren kein unmoralisches Volk; sie waren nur

Cooks eigene Zeichnung des Fort Venus auf Tahiti

unbeschwert amoralisch. Es ist so gut wie sicher, daß sie die Bedeutung des Wortes »Diebstahl« gar nicht verstanden. Wenn sie etwas sahen und es haben wollten, nahmen sie es einfach – so unkompliziert war die Sache. Sie waren der Ansicht, die einzige Lektion, die sie aus Cooks strengen Ermahnungen lernen könnten, bestünde darin, beim nächsten Mal, wenn sie daran gingen, sich das Eigentum des weißen Mannes anzueignen, vorsichtiger zu sein. Man braucht wohl kaum noch hinzuzufügen, daß die Diebstähle unvermindert weitergingen.

Trotzdem blieben die Beziehungen zwischen Engländern und Tahitiern ausgezeichnet. Auch wenn man berücksichtigt, daß der goldene Glanz der Ferne alles verklärt haben mag, scheint es doch eine glückliche, eine fast idyllische Zeit gewesen zu sein. Aus Briefen und Tagebuch geht hervor, daß auf Tahiti damals eine außerordentliche, fast arkadische Atmosphäre herrschte, wie man sie noch nie vorher angetroffen hatte und danach nie wieder antreffen sollte. Für uns ist es heute unmöglich, Geist und Stimmung der Zeit wieder einzufangen, denn schon Gauguins *Nevermore*, jenes unendlich traurige Bild eines tahitischen Mädchens ohne das leiseste Lächeln, zeigt, daß sie schon damals für immer dahin war.

Aber damals war sie noch lebendig. Ein äußerst geselliges Leben begann, und wer fraternisieren wollte, kam auf seine Kosten. Cook und seine Offiziere, die fast allabendlich mit den Dorfhäuptlingen speisten – entweder an Bord oder in deren Häusern –, kümmerten sich um den geselligen Aspekt, während die Besatzungsmitglieder sich mit den leicht zugänglichen Mädchen Tahitis anfreundeten. »Sie gingen Freundschaften ein«, nörgelte ein griesgrämiger Offizier, »die ganz und gar nicht platonischer Art waren.« Doch diese Einstellung zu Fragen der Moral war in der zweiten Hälfte des achtzehnten Jahrhunderts recht ungewöhnlich: Toleranz war an der Tagesordnung, und niemand war toleranter als Cook. Er wußte nicht nur, was vor sich ging – er sah ja schließlich, wie die Tahitierinnen bei Einbruch der Nacht an Bord kletterten –, er machte sich überdies nicht einmal die Mühe, es zu ignorieren. Man muß bedenken, daß der tödliche Zugriff der viktorianischen Moral erst hundert Jahre später erfolgen sollte.

Am 2. Mai endeten diese unbeschwerten Flitterwochen abrupt. An diesem Tage wurden die astronomischen Instrumente an Land gebracht und zum Fort transportiert, wo man sie im Observatoriumszelt bei einem bewaffneten Posten zurückließ. Das wichtigste Instrument für die Beobachtung des Durchgangs der Venus war der Quadrant. Es handelte sich um ein außerordentlich schweres Gerät, das in einer Holzkiste steckte.

Als Cook an jenem Tag seine übliche Inspektionsrunde machte, fand er Zelt, Posten und Kiste genau dort vor, wo sie sein sollten: Der Quadrant war allerdings verschwunden. Die Bestürzung und Wut Cooks und der Wissenschaftler kann man sich unschwer vorstellen. Ohne dieses Instrument hätte die *Endeavour* ebensogut in England bleiben können, wenigstens was ihre Aufgabe anbetraf, den Durchgang des Planeten zu beobachten.

Cook ließ die Bucht unverzüglich abriegeln, damit der Übeltäter nicht auf dem Seeweg entkommen konnte. Er wollte gerade die Dorfhäuptlinge verhören, als einer von ihnen, Tuborai, der intelligenter als die anderen oder doch zumindest intelligent genug war, um zu begreifen, daß dieser Tag für Tahiti verhängnisvoll werden könnte, Banks beiseite nahm und ihm erklärte, er kenne den Dieb – er wäre so vorsichtig gewesen, in die Berge zu flüchten.

Zusammen mit Green – schließlich war er der Astronom, und es war sein Quadrant – und einem Leutnant zur See nahm Banks die Verfolgung auf. Tuborai kam als Führer mit und erkundigte sich in jedem Haus, welche Richtung der Dieb eingeschlagen hätte. Man gab ihm überall fröhlich und bereitwillig Auskunft. Nach fast zwölf Kilometern – es ging meistens bergauf, wie Banks bitter vermerkte, bei einer Temperatur von vierunddreißig Grad im Schatten – holten sie eine Gruppe von Eingeborenen ein, allerdings nicht den Dieb selbst. Die Insulaner trugen einen ziemlich ramponierten Quadranten, oder genauer gesagt einen Teil davon. Die fehlenden Stücke wurden dann ebenfalls bald zurückgebracht – die Tahitier hatten spät, doch nicht zu spät begriffen, daß sie diesmal zu weit gegangen waren. Es stellte sich heraus, daß der beschädigte Quadrant repariert werden konnte. Nach der üblichen Pause von vierundzwanzig Stunden, in denen sich bei der einen Partei der Zorn und bei der anderen der Trotz legen konnte, setzte man die Flitterwochen fort.

Der 3. Juni kam, der Himmel blieb klar, und von zwei Punkten der Insel sowie einem dritten auf der Nachbarinsel Moorea wurde der Durchgang der Venus erfolgreich beobachtet. Cook und Green

Banksia *(Banksia intergrifolia).* Sie wurde nahe des Endeavour-Flusses
entdeckt und von Sydney Parkinson gemalt

Aquarell von Sydney Parkinson, die *Aechmea nudicaulis* darstellend, eine
Pflanze, die von Banks und Solander in Rio de Janeiro 1768 gefunden wurde

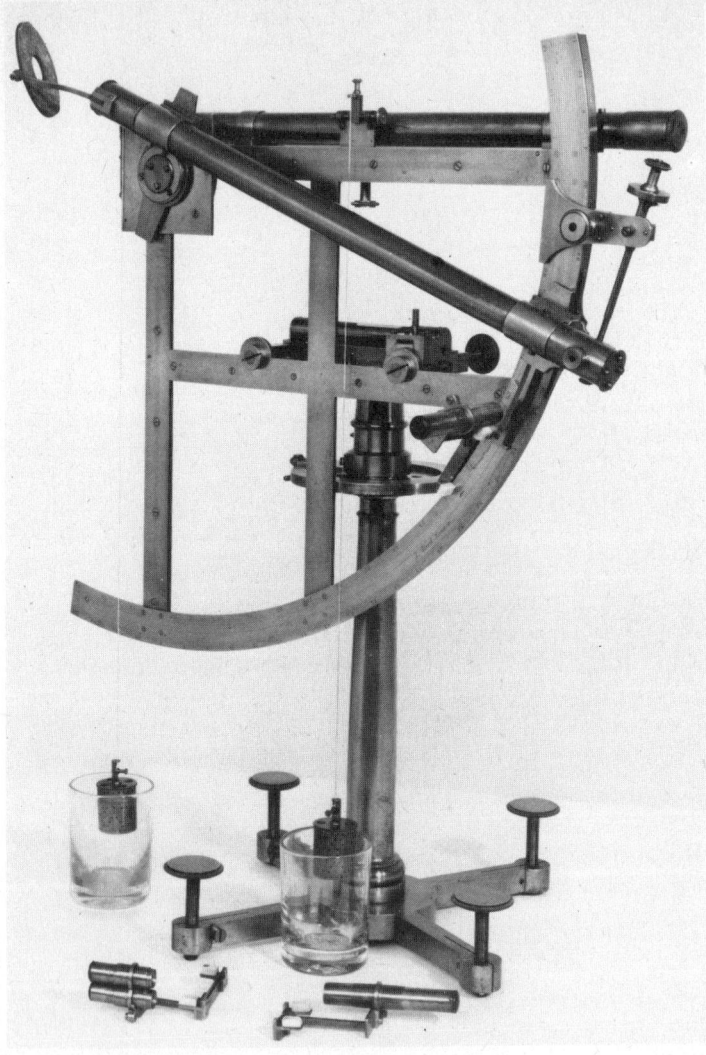

Ein Quadrant aus dem Jahre 1768 – ähnlich dem, den Cook benutzte

waren sicher, ausgezeichnete Ergebnisse erzielt zu haben. In Wirklichkeit war das Gegenteil der Fall. Es war nicht ihre Schuld – auch kein anderer Beobachter der Welt kam zu den erhofften Resultaten: Die Instrumente für astronomische Beobachtungen waren damals technisch einfach noch nicht ausreichend.

Es sollten noch fast sechs Wochen vergehen, ehe die *Endeavour* Tahiti verließ. Sicher, Cook umfuhr die Insel und kartographierte sie sorgfältig; der Schiffsrumpf mußte gesäubert, die Pinasse repariert und das Fort abgebrochen werden, aber all das hätte im Verlauf von längstens einer Woche erledigt werden können. Die Verladung der Ausrüstung, die ins Fort gebracht worden war, und die Aufnahme von Vorräten für die lange Fahrt, die jetzt vor dem Schiff lag, hätte vielleicht noch eine weitere Woche in Anspruch genommen. Obgleich sie verständlicherweise in keinem einzigen Bericht oder Logbuch erwähnt werden, scheinen die Gründe für diese Verzögerung auf der Hand zu liegen: Cook und die Männer der *Endeavour* konnten sich einfach nicht von dem Traumland Tahiti trennen, und deshalb versuchten sie, die Abfahrt mit allen Mitteln hinauszuschieben.

Kurz bevor sie absegelten, kam es zu einem unerfreulichen Zwischenfall, der für die Zukunft nicht ohne Folgen bleiben sollte. Webb und Gibson, zwei Matrosen der Besatzung, desertierten, flüchteten mit ihren Freundinnen in die Berge und ließen Cook ausrichten, sie hätten nicht die Absicht, wieder zurückzukehren. Cook nahm diese Angelegenheit außerordentlich ernst. Er sah darin eine Unterminierung seiner persönlichen Autorität und der Disziplin auf dem Schiff. Er brauchte jeden einzelnen Mann an Bord. Und wenn er die beiden davonkommen ließ, bestand die Gefahr, daß noch viele andere ihnen nacheiferten, denn nur wenige Männer auf der *Endeavour* hätten es wohl abgelehnt, sich für immer auf Tahiti niederzulassen.

Cook reagierte blitzschnell. Er nahm ein halbes Dutzend Dorfhäuptlinge gefangen und erklärte sie zu Geiseln. Es fehlte ihnen zwar an nichts, aber sie fühlten sich zutiefst beleidigt. Sie waren tatsächlich völlig schuldlos am freiwilligen Verschwinden der beiden Matrosen. Cook diskutierte nicht einmal mit ihnen, sondern erklärte nur, sie würden erst dann freigelassen, wenn man die beiden Männer zum Schiff zurückgebracht hätte. Und da Cook die bemerkenswerte Gabe besaß, die Leute davon zu überzeugen, daß alles, was er sagte, wirklich ernstgemeint war, fand man sogleich eingeborene Führer, die eine Abordnung von Seeleuten in die Berge führten. Webb und Gibson wurden innerhalb kürzester Zeit zurückgebracht.

Dieser Vorfall ist deshalb bezeichnend, weil Cook hier zum erstenmal eine Methode anwandte, auf die er im Pazifik noch oft zurückgreifen sollte. Sobald etwas Wichtiges gestohlen oder ein schwerwiegendes Verbrechen begangen wurde, setzte Cook sofort Dorfhäuptlinge gefangen und behielt sie als Geiseln, bis der gestohlene Gegenstand zurückgegeben oder der Übeltäter ausgeliefert wurde. Diese Methode war äußerst wirksam und geradezu genial einfach, sie funktionierte immer wieder wie eine Zauberformel – bis auf das letzte Mal. Da versagte sie, und Cook mußte deshalb sein Leben lassen.

Als die *Endeavour* schließlich abfuhr, hatten Engländer und Tahitier sich sehr angefreundet, und auf beiden Seiten war der Abschiedsschmerz groß. Viele der Männer ließen tahitische Mädchen zurück, bei denen sie am liebsten für immer geblieben wären. Noch am Abfahrtstag flehten die Häuptlinge, die auf die *Endeavour* gekommen waren, um sich zu verabschieden, die Männer unter Tränen an, nicht abzureisen. Und als die *Endeavour* schließlich den Anker einholte und langsam absegelte, waren in der Bucht Hunderte von Kanus mit bitterlich wehklagenden Männern und Frauen zu sehen. Es muß ein ergreifendes Schauspiel gewesen sein.

Als Cook absegelte, nahm er – auf dessen dringende Bitten – einen Dorfhäuptling namens Tupia und seinen kleinen Diener Tiata mit. Tupia war kein gebürtiger Tahitier, sondern stammte von der weiter westlich gelegenen Insel Raiatea. Es gebe dort noch viele andere

Inseln sagte er, und er kenne sie gut. Auf einigen Inseln, die er von Zeit zu Zeit als Gast besucht hatte, lebten Verwandte von ihm. Noch mehr Inseln hatte er in weniger freundlicher Absicht als Mitglied kriegerischer Expeditionen kennengelernt. Mit ihm gewann die *Endeavour,* wie Cook sofort begriff, einen sehr nützlichen Mann, der nicht nur als Führer, sondern auch als Dolmetscher dienen konnte.

Zuerst segelte Cook zu der Insel Huahine, wo man ihn freundlich empfing, dann nach Raiatea. Dort erzählte man ihm die Legende, daß Neuseeland von Raiatea aus besiedelt worden wäre. Cook besuchte und kartographierte noch einige andere Inseln dieser Gruppe und gab ihnen, »wegen ihrer engen Nachbarschaft«, den Namen Gesellschafts-Inseln. Selbstverständlich vergaß er nicht, sie im Namen der Britischen Krone zu annektieren.

Von der Admiralität hatte Cook den geheimen Befehl erhalten, auf der Suche nach dem südlichen Kontinent bis zum vierzigsten Breitengrad vorzudringen. Cook verhielt sich im allgemeinen gegenüber den vagen Vermutungen einiger Geographen über unbekannte Gebiete recht zurückhaltend. Er scheint der Ansicht gewesen zu sein, es sei nicht seine Aufgabe, Meinungen zu vertreten, sondern Fragen zu beantworten. Doch in diesem Fall hatte er wohl schon von Anfang an die Existenz des sagenhaften Südkontinents bezweifelt. Dieser Zweifel war immer stärker geworden, seit er Tupia getroffen hatte, den Tupia kannte den südlichen Pazifik erstaunlich gut, aber, so sagte er, längst nicht so gut wie sein verstorbener Vater. Sein Vater, berichtete er, sei weit nach Süden gefahren, und dort gebe es kein Land, nur Inseln. Doch Befehl war für Cook Befehl. Er ließ die *Endeavour* auf Südkurs drehen.

Er ließ sie fast fünfzehnhundert Meilen weit auf Südkurs gehen, bis er den vierzigsten Grad südlicher Breite, das von der Admiralität verfügte Limit, erreicht hatte, ohne auf Land zu stoßen. Damit wurde Alexander Dalrymples Theorie immer unwahrscheinlicher. Cook hatte nicht die Absicht, Zeit zu vergeuden. Das Wetter war sehr schlecht, täglich tobten heftige Stürme, Segel und Takelage

mußten immer wieder ausgebessert werden, und die Männer der
Besatzung standen kurz vor der totalen Erschöpfung. Kurz gesagt,
die »Brüllenden« vierziger Breitengrade machten ihrem Namen alle
Ehre. Auf der Suche nach besseren Wetterbedingungen wandte
Cook sich nach Nordwesten, drehte dann nach Westen und nahm
einen ungefähr west-südwestlichen Kurs. Diesen Kurs verfolgte
man rund drei Wochen. In dieser Zeit geschah nichts Außerge-
wöhnliches, abgesehen von dem plötzlichen Ableben eines Boots-
mannsmaats, der irrtümlich angenommen hatte, er könnte ganz
allein mit einer Flasche Navy-Rum fertig werden. Insgesamt hatte
man bisher sechs Männer der ursprünglichen Besatzung verloren.

Doppelkanu bei Raiatea/Gesellschaftsinseln

(Zu Anfang des Aufenthalts in Tahiti war der Landschaftsmaler Alexander Buchan einem Epilepsieanfall erlegen.)

Am 7. Oktober sichtete ein Schiffsjunge namens Nicholas Young vom Mastkorb aus Land. Auf dem Schiff nannte man den Jungen Young Nick, so daß Cook das Vorgebirge sofort auf den Namen Young Nick's Head taufte. Young Nick hatte als erster Europäer die Ostküste Neuseelands erblickt.

Cook wußte, daß es sich um Neuseeland handelte. Die Existenz von Neuseeland war bekannt, aber sonst wußte man nichts über dieses Gebiet. Tasman, der einzige Vorgänger Cooks, der dessen Format als Seemann und Navigator annähernd erreichte, hatte die Westküste Neuseelands 126 Jahre vorher besucht, und zwar im Verlauf einer geradezu legendären Reise. Sie hatte in Batavia in Holländisch-Ostindien begonnen. Auf dieser Fahrt wurde Tasmanien entdeckt, das nach Tasmans Meinung fest mit Australien verbunden war (Cook teilte diese Meinung – er prüfte nie nach, ob es sich um eine Insel handelte), und Neuseeland. Auf dieser Reise war Tasman auch um Australien gesegelt. Aus irgendeinem Grund, den wir wohl nie mehr erfahren werden, hatte Tasman einen sehr großen Bogen durch den Pazifik gemacht und sich nirgends der australischen Ostküste genähert.

Neuseeland war also bereits entdeckt worden, aber seit Tasmans Zeiten hatte es niemand mehr gesehen. Und Tasman hatte kaum irgendwelche Informationen über dieses Land hinterlassen. Er war an der Westküste der Nordinsel entlanggesegelt und an einem Teil der Westküste der Südinsel. Er hatte nicht versucht, den Weg zur Ostküste zu finden. Er war auch nicht weit genug nach Süden gefahren, um herauszufinden, ob Neuseeland nun wirklich eine Insel war oder ob es zu irgendeinem weiter südlich gelegenen Festland gehörte. Seltsamerweise untersuchte er auch die Passage zwischen der Nord- und der Südinsel nicht, die heute als Cook-Straße bekannt ist, obgleich einige Bemerkungen in seinem Tagebuch deutlich darauf hinweisen, daß er die Existenz einer solchen Straße vermutete. Vielleicht hatte er es eilig, zu den Fidschi-Inseln zu

Joshua Reynolds' Porträt von Omai. Er kam auf der *Adventure* von Tahiti
und war in der Londoner Gesellschaft sehr beliebt

Poetua, die Tochter von Omo, des Häuptlings von Raiatea, war eine der Geiseln, die Cook auf der Suche nach zwei Deserteuren nahm

kommen, wo sein nächster Bestimmungshafen lag. Tasman war ein großer Seefahrer, doch ihm fehlten Cooks eiserner Wille und die feste Entschlossenheit, sein Ziel unter allen Umständen zu erreichen. Tasmans Vorgesetzte in Batavia waren sich dessen bewußt und warfen ihm vor, er gäbe zu schnell auf und überließe die Überprüfung seiner Ergebnisse »tatkräftigeren Nachfolgern.«

Dieser Nachfolger war Cook. Mit einigen seiner Männer, den ersten Europäern, die je ihren Fuß auf neuseeländischen Boden setzten (im vorangegangenen Jahrhundert hatten sich die Maoris so eindeutig feindselig benommen, daß Tasman vorsichtigerweise erst gar keine Landung versucht hatte), landete er am Ostufer des Waipoua-Flusses, wo heute Gisborne liegt, ungefähr auf halber Höhe der Ostküste der Nordinsel.

Kaum jemals kann die Erforschung eines neuen Landes von ungünstigeren Umständen begleitet gewesen sein. Am anderen Ufer befanden sich Maoris, und sie verhielten sich eindeutig feindselig. (Man kann es ihnen kaum übelnehmen, auch wenn sie diesmal keinen Grund zur Feindseligkeit hatten. Die maßlose Arroganz der westeuropäischen Nationen, die ohne Rücksicht auf die Pläne und Wünsche der recttmäßigen Eigentümer der unerforschten Gebiete die Welt durchstreiften und alles annektierten, was in Sicht kam, ist ziemlich erschreckend.) Cook überquerte mit einigen seiner Männer im Beiboot den Fluß – die Pinasse blieb zurück – und wollte versuchen, Kontakt zu den Maoris herzustellen. Er verschwand mit ein paar Leuten zwischen den Bäumen am Ufer, und unmittelbar darauf unternahm eine Gruppe von Maoris auch schon einen Überfall auf die übrigen Männer auf dem Beiboot. Die Leute in der Pinasse feuerten Warnschüsse über die Köpfe der Maoris hinweg, doch diese liefen weiter zum Beiboot hin. Der nächste Schuß aus der Pinasse war kein Warnschuß: Ein Maori fiel tot zu Boden. Cook und seine Männer zogen sich auf die *Endeavour* zurück. Ende der ersten Runde.

Am nächsten Morgen ging Cook abermals mit einigen Leuten an Land und näherte sich einer Gruppe schwerbewaffneter Einge-

borener. Cook und seine Männer boten ihnen Geschenke an, doch
sie interessierten sich nicht für Geschenke, sie interessierten sich
nur für die Degen der Engländer. Einer versuchte, Green den Degen
zu entreißen, ein Handgemenge brach aus, und wieder wurde ge-
schossen. Dieses Mal blieb ein toter Maori auf der Strecke, drei
andere waren verwundet worden. Cook kehrte mit seinen Leuten
auf die *Endeavour* zurück. Ende der zweiten Runde.

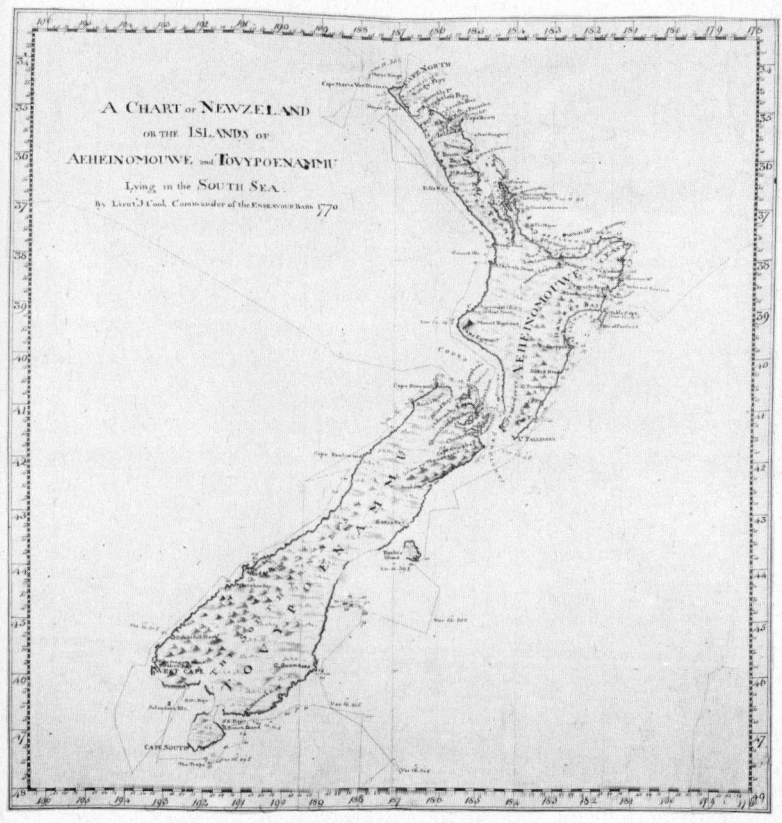

Cooks Karte von Neuseeland

Aber Cook gab die Hoffnung noch nicht auf. Am Nachmittag
ließ er sich um die Bucht rudern und suchte nach einer Stelle, wo
er ungehindert landen könnte. Die Brandung war jedoch überall

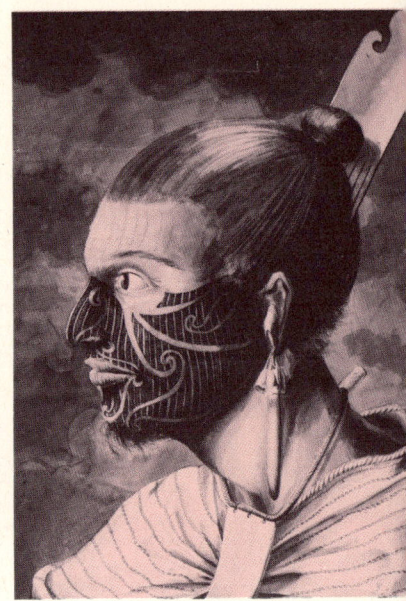

Eingeborene Neuseelands, gezeichnet von Sydney Parkinson

zu heftig, und es blieb ihm nichts anderes übrig, als wieder zur
Endeavour zurückzukehren. Auf ihrer Fahrt begegneten sie ein
paar Kanus. Tupia redete die Insassen an und erklärte ihnen, die
Weißen wären als Freunde gekommen und wollten mit ihnen sprechen. Die Maoris paddelten aber schnell davon. Cook ließ einen
Warnschuß über ihre Köpfe abfeuern, weil er hoffte, sie dadurch
zum Anhalten zu bewegen. Das geschah auch. Die Maoris hielten,
wendeten und sausten mit höchster Geschwindigkeit auf Cooks

Boot los. Aufgrund ihrer bisherigen Erfahrung mit Musketen-schüssen dachten sie offenbar, sie sollten jetzt getötet werden, und in diesem Fall wollten sie lieber im Kampf sterben. Dieses Mal blieben drei tote Maoris auf der Strecke.

Das war das Ende der dritten Runde und zugleich das Ende dieser hoffnungslos einseitigen Bemühungen um eine Kontaktauf-nahme. Wie alle anderen Männer an Bord der *Endeavour* war auch Cook entsetzt über die Vorfälle der letzten vierundzwanzig Stun-den. Er sah ein, daß weitere Landungsversuche an diesem Küsten-strich nur zu einer weiteren sinnlosen Vernichtung von Menschen-leben führen würden. Die *Endeavour* lichtete den Anker und segelte fort. Traurig oder verbittert, taufte Cook den Ort auf den Namen Poverty Bay, Bucht der Entbehrung – »weil sie uns nichts von dem gab, was wir haben wollten.« Und Poverty Bay heißt die Bucht noch heute.

Die *Endeavour* fuhr nach Süden um die Mahia-Halbinsel herum und in die Hawke's-Bucht hinein – Cook gab ihr den Namen des Ersten Lords der Admiralität –, eine riesige, flache Bucht von rund hundert Kilometern Durchmesser. Am Nordende begegneten sie einigen Einbäumen mit Maoris, die sich freundlich verhielten, doch am südlichen Ende stießen sie auf feindlich gesonnene Maoris. Ein Einbaum kam längsseits, und die Insassen taten so, als wollten sie Waren tauschen. In Wirklichkeit versuchten sie dann, den kleinen Tiata zu kidnappen. Zu ihrem Unglück wußten sie, ebensowenig wie alle anderen Maoris, denen man begegnete, nichts von der Exi-stenz von Feuerwaffen. Drei von ihnen wurden getötet, bevor man den Jüngling retten konnte. Cook nannte den Ort Kidnapper-Kap und setzte die Fahrt fort.

Je weiter sie nach Süden fuhren, desto geringer wurde die Wahr-scheinlichkeit, einen Landeplatz zu finden. Cook beschloß deshalb, wieder nach Norden zu segeln. Die Stelle, an der er den Kurs än-derte, nannte er Kap der Umkehr.

Man muß darauf hinweisen, daß derartige Entscheidungen immer von Cook ganz allein getroffen wurden. Die gesamte Verantwor-

tung ruhte auf seinen Schultern, und es kann kein Zweifel daran bestehen, daß seine Offiziere ihm völlig vertrauten, obgleich seine Heimlichtuerei sie gelegentlich ärgerte. Es stimmt zwar, daß Cook von Zeit zu Zeit mit seinen Männern eine demokratische Lagebesprechung durchführte, doch diese Zusammenkünfte wurden meist nur einberufen, wenn Cook die Leute über die bereits von ihm getroffenen Entscheidungen informieren wollte. Doch eine Gele-

Maoris, die Cooks Männer zum Kampf herausfordern (das Herausstrecken der Zunge war bei ihnen die übliche Kampfansage). Zeichnung von Sydney Parkinson

genheit ist bezeugt, und zwar auf seinem nächsten Schiff, der *Resolution*, bei der Cook um allgemeine Zustimmung zu einem Vorschlag bat. Als man nach Ablauf der vorgesehenen Zeit eigentlich nach England hätte zurückkehren müssen, schlug er vor, noch ein Jahr im Pazifik und in der Antarktis zu bleiben. Alle waren einverstanden.

Sie kamen wieder an der Hawke's-Bucht und der Poverty Bay

vorbei und erreichten eine kleine Flußmündung, wo sie frisches
Wasser aufnehmen konnten. Hier wollten die Maoris unbedingt
Tauschgeschäfte mit ihnen machen. Tupia, der die Sprache der
Maoris gut beherrschte, brachte in Erfahrung, daß die Bucht von
den Eingeborenen Tolaga-Bucht genannt wurde; und dieses eine
Mal ließ Cook es bei dem ursprünglichen Namen bewenden. Banks
und seine Wissenschaftler waren begeistert, denn sie fanden unzählige Pflanzen, Blumen, Tiere, Vögel und Insekten, die in den
anderen Teilen der Erde unbekannt waren.

Sie segelten weiter nach Norden, folgten dann der westlich ver-
laufenden Küste und wurden, als sie das Vorgebirge umfuhren,
von feindseligen Maoris in riesigen Einbäumen angegriffen. Cook
ließ zahlreiche Warnschüsse über ihre Köpfe abgeben, und sie paddelten schnell wieder ans Ufer. Das Vorgebirge wurde auf den Namen Flucht-Kap getauft.

Man fuhr nun an einem Küstenstreifen entlang, der einen so reichen Pflanzenwuchs aufwies, daß Cook den Gewässern den Namen
Bucht des Überflusses gab. Am anderen Ende der Bucht gingen
sie an einem geeigneten Platz vor Anker, und hier nahmen Cook
und Green ihre astronomischen Instrumente mit an Land, um einen
Durchgang des Merkurs zu beobachten. Diese Stelle wurde natürlich Merkur-Bucht genannt.

Sie setzten ihre Fahrt zum nördlichsten Punkt Neuseelands fort,
und Cook taufte eifrig alles, was in Sicht kam. Ein Blick auf eine
Karte mit ziemlich kleinem Maßstab läßt den Eindruck entstehen,
Cook müsse dieser Beschäftigung, die ihn offenbar faszinierte, so
viel Zeit gewidmet haben, daß er kaum noch zum Kartographieren
und Navigieren gekommen sein kann.

In der Bucht der Inseln – angeblich der schönsten Bucht von
ganz Neuseeland – gönnte Cook den Männern der Besatzung eine
kurze Erholungspause und segelte dann wieder weiter, um den
Nordzipfel Neuseelands zu umfahren, der nach den Logbuchein-
trägen und Standortbestimmungen, die der Entdecker Tasman im
Jahrhundert vorher gemacht hatte, nicht mehr sehr weit entfernt

sein konnte. Das war auch tatsächlich der Fall, es handelte sich nur um rund hundert Meilen. Aber das besonders schlechte Wetter hätte Cook beinahe einen Strich durch die Rechnung gemacht. Widrige Winde aus Nordwesten – und das war genau die Richtung, in die er segeln wollte – ließen das schwerfällige Kohlenschiff, das

Dieser Stich nach einer Zeichnung von Sydney Parkinson stammt aus seinem »Tagebuch einer Reise in die Südsee«, das 1784 veröffentlicht wurde, und trägt den Bildtext: »Die Art, wie sich feindliche Krieger in Neuseeland zum Kampf herausfordern«

selbst bei besseren Wetterbedingungen ein notorisch schlechter
Segler war, kaum von der Stelle kommen. Die gesamte Besatzung
litt unter den fürchterlichen Strapazen, und Cook hätte leicht in
einer geeigneten Bucht Zuflucht suchen und einen günstigeren
Zeitpunkt abwarten können, aber er muß etwas ganz Besonderes
an sich gehabt haben, eine bestimmte Eigenschaft, die ihn zum
größten Entdecker der englischen Geschichte machte. Er besaß eine
diamantharte Entschlossenheit, wenn es darum ging, ein Ziel zu
erreichen, das er sich einmal gesetzt hatte, und einen unbeugsamen
Willen, der es ihm nicht erlaubte, ein einmal begonnenes Vorhaben
aufzugeben.

Und am Weihnachtstag des Jahres 1769 (»Alle Mann betrunken«,
berichtete Banks), nach zwei Wochen erbitterter Kämpfe gegen
stürmische Winde und hohen Seegang, erreichte Cook tatsächlich
sein Ziel. Er sichtete und identifizierte eine Inselgruppe, die unter
der Bezeichnung »Drei Könige« bekannt war und zum letztenmal
mehr als hundert Jahre vorher von Tasman ausgemacht worden
war. Cook wußte, daß er die Nordspitze Neuseelands passiert hatte
und sich nun fast im Westen des nordwestlichsten Punktes befand,
den Tasman Maria-van-Diemen-Kap genannt hatte. Er ließ die
Endeavour wieder auf Südkurs drehen.

Die Westküste der Nordinsel kartographierte Cook weniger
gründlich als das restliche Neuseeland. Dafür gab es zwei Gründe.
Er hatte es eilig; denn die *Endeavour* war leck geschlagen, seit der
Abfahrt aus Tahiti war sie so rauhem Wetter ausgesetzt gewesen,
daß sich die Dichtungen aus den Plankenfugen zu lösen begannen;
und zweitens schleppte sie inzwischen eine derartige Menge von
Meeresflora mit sich, daß sie so schnell wie möglich davon befreit
werden mußte. Man mußte die *Endeavour* deshalb so bald wie
möglich auf einen Sandstrand setzen, und Cook glaubte nicht, daß
man einen solchen Platz an jener unwirtlichen Küste finden würde.
Außerdem segelten sie leewärts, das heißt, die starken Westwinde
versuchten dauernd, die *Endeavour* an Land zu drücken. »Eine
sehr gefährliche Küste«, bemerkte Cook lakonisch und machte ei-

nen so weiten Bogen um sie, daß er so gute Ankerplätze wie Ho-
kianga, Kaipara, Manukau (wo sich heute Auckland befindet) und
Kawhia verfehlte. (Auch in den folgenden Jahren sollte Cook einige
sehr wichtige Häfen verfehlen, darunter Sydney und Vancouver.
Mit Ausnahme von Sydney geschah das stets deshalb, weil er zu
weit leewärts segelte oder nachts an ihnen vorbeifuhr.)

Am 11. Januar sichteten sie einen gut zweieinhalbtausend Meter
hohen, schneebedeckten Berg, den Cook Mount Egmont taufte.
Anschließend bog die Küste nach Südosten ab, doch statt ihr zu
folgen, segelte Cook direkt in die große Einbuchtung hinein, bis
er die nördliche Küste des heute als Südinsel bekannten Teils von
Neuseeland erreichte, wo er auf östlichen Kurs ging. Er passierte
die Mörderbucht (heute Goldene Bucht), die ihren Namen zur
Erinnerung an einige von den Maoris erschlagene Besatzungsmitglieder Tasmans erhalten hatte, und die Tasman-Bucht, bevor er
einen Ankerplatz erreichte, der ideal für seine Zwecke war – eine
kleine Bucht, die fast ganz von Hügeln eingeschlossen war und
eine große Auswahl wunderschöner Sandstrände bot, auf denen
man die Endeavour sehr gut krängen konnte. Es war der schönste
Hafen, den Cook in der gesamten Südsee entdeckt hatte, und er
sollte ihn in den kommenden Jahren noch mehrmals aufsuchen.
Er gab ihm den Namen Königin-Charlotte-Sund.

Während seine Männer das gekrängte Schiff reinigten und kalfa-
terten, unternahm Cook eine Klettertour. Er besaß eine außergewöhnliche, an Hellseherei grenzende Gabe; er konnte erraten, was
sich auf der anderen Seite eines Berges befand. Wenn er glaubte,
es wäre Land kurz voraus, dann war Land voraus. Wenn er in
der Ferne Land sichtete und es für eine Insel hielt, erwies es sich
tatsächlich als Insel; hielt er es dagegen für den Teil einer größeren
Festlandmasse, dann stimmte auch das immer. Oft kam zwischen
Cook und seinen Offizieren Streit darüber auf, was sie als nächstes
erblicken würden oder als was sich ein neu gesichtetes Stück Land
wohl entpuppen würde: Cook irrte sich nie. Für seine Offiziere
muß das wirklich ziemlich aufreibend gewesen sein.

Cook unternahm diese Klettertour, weil er davon überzeugt war, es müsse eine Meeresstraße geben, die zu den östlichen Gewässern führte. Es dauerte nicht lange, bis er von einer Erhebung aus feststellen konnte, daß seine Annahme richtig war, und als die *Endeavour* am 7. Februar wieder seetüchtig war, fuhr man durch diese Straße nach Osten. Dieses Mal bestand Banks darauf, der Passage einen Namen zu geben, und da ein und derselbe Mann das Vorhandensein der Passage vermutet, sie entdeckt und als erster durchsegelt hatte, nannte er sie Cook-Straße.

Einige Schiffsoffiziere waren immer noch der Ansicht, der Teil Neuseelands, den man für die Nordinsel hielt, sei vielleicht nur eine mit einer größeren Landmasse im Süden verbundene Halbinsel – Cook hatte immer wieder erklärt, das sei unmöglich, aber die Offiziere hielten hartnäckig an ihrer Meinung fest. Statt sofort auf Südkurs zu gehen, wie er es ursprünglich vorgehabt hatte, ließ Cook die *Endeavour* deshalb nach Nordosten segeln, und zwei Tage später sichteten sie das Umkehr-Kap, wo sie die Umsegelung der Insel begonnen hatten. Damit war die Diskussion ein für allemal beendet.

Cook drehte nach Süden, segelte wieder durch die Cook-Straße (erstaunlicherweise entging die Stelle, an der heute der Hafen von Wellington liegt, seiner Aufmerksamkeit), und dann die Ostküste der Südinsel hinunter. Er wußte allerdings nicht genau, ob es sich wirklich um eine Insel handelte oder um einen Teil einer Kontinentalmasse im Süden, und da er, falls die zweite Möglichkeit zutraf, keine unangenehmen Überraschungen erleben wollte, fuhr er sehr vorsichtig weiter an der Küste entlang und lavierte bei Dunkelheit nur in Gewässern, deren Sicherheit man schon vorher erkundet hatte.

Am 17. Februar segelten sie, nachdem sie neben einer schneebedeckten Bergkette hergefahren waren, an einem Stück Land vorbei, das Cook für eine größere Insel kurz vor der Küste hielt. Er gab ihr den Namen Banks, zweifellos als Gegenleistung für das Kompliment, das der junge Botaniker ihm mit der Benennung der Cook-Straße gemacht hatte. Hier unterlief Cook einer der beiden

Dr. Daniel Carl Solander (links), der zu seiner Zeit als fähigster Botaniker Englands galt, reiste mit Cook auf der *Endeavour* auf dessen erster Reise

Sydney Parkinson (rechts), einer Edinburgher Brauerfamilie entstammend, fuhr als naturgeschichtlicher Zeichner auf derselben Reise wie Solander mit Cook und war, wie jener, ein Mitglied von Banks Gefolge

größten Irrtümer bei seiner Umseglung Neuseelands. In Wirklichkeit handelte es sich nämlich um eine Halbinsel, aber der Landstreifen, der sie mit dem Festland verbindet und auf dem heute Christchurch liegt, ist so niedrig, daß man sie aus einiger Entfernung vom Meer her leicht für eine Insel halten kann.

Ein paar Tage lang fuhren sie südwestlich an einer öden und ziemlich unwirtlichen Küste entlang, ohne daß sich etwas Besonderes ereignete. Als sie sich dem Südende der Insel näherten, kamen heftige Westwinde auf und trieben sie ein gutes Stück in den Pazifik hinaus, und als sie auf der Suche nach dem Festland wieder West- kurs nahmen, sichteten sie nicht die Südinsel, sondern die Stewart- Insel, die durch die Foveaux-Straße vom südlichsten Teil der Südin- sel getrennt wird. Als sie das Südwest-Kap umsegelten, hegte Cook nicht den mindesten Zweifel, daß sie den Südzipfel der Insel erreicht hätten, denn der schwere Seegang, auf den sie jetzt trafen, konnte sich nur über Tausende von Seemeilen hinweg gebildet haben. Cook ließ die *Endeavour* auf nördlichen Kurs gehen, vorbei an den groß- artigen Fjorden, die tief in die Südweststrecke der Südinsel ein- schneiden.

Banks und die anderen Wissenschaftler wollten in diesen Fjords botanische und geologische Untersuchungen anstellen und forder- ten Cook energisch auf, in einen der Fjorde hineinzusegeln und dort vor Anker zu gehen. Aber Cook weigerte sich, und zwar aus sehr gutem Grund. Die Fjords hatten hohe Klippen, so daß der Wind in ihnen immer nur aus westlicher Richtung, also fjordauf- wärts, oder aus östlicher Richtung, also fjordabwärts wehen konnte, und da Westwind herrschte, hätte die *Endeavour* nicht mehr aus dem Fjord ins Meer zurücksegeln können.

Ein intelligenter Mann wie Banks hätte das einsehen müssen, doch seine tiefe Enttäuschung hinderte ihn offenbar an jeder sachli- chen Überlegung. Sein Zorn war sicher nicht frei von persönlichem Ärger, hatte er doch in Anlehnung an Dalrymples Theorie von einem südlichen Erdteil fest geglaubt, man würde feststellen, daß der südliche Teil der Südinsel dazu gehöre. Doch nun war er Zeuge, wie Cook Dalrymples Traum zerstörte und gleichzeitig seine eige- nen Ideen widerlegte. Es muß wirklich sehr unerfreulich für ihn gewesen sein.

In den beiden folgenden Wochen segelte die *Endeavour* in nord- westlicher Richtung die Küste hoch. Es war eine trostlose, ungastli- che und schroffe Küste, befestigt durch eine Kette schnee- und eisbedeckter Berge, die heute unter dem Namen Südalpen bekannt sind. Am 26. März waren sie wieder im Königin-Charlotte-Sund, hatten die Umseglung der Südinsel beendet und dabei zahlreiche falsche Vorstellungen über das Land berichtigt. Nach der am meisten verbreiteten Theorie gehörte das von Tasman entdeckte Land als Halbinsel zum großen Südkontinent. Nun hatte Cook zweifelsfrei bewiesen, daß es aus zwei getrennten Inseln bestand und daß es nirgendwo in seiner Nähe eine größere Festlandmasse gab. In der *Royal Society* sollten viele Männer erröten, als Cook mit dieser Nachricht heimkehrte.

Außer seinem Irrtum, die Banks-Halbinsel sei eine Insel, bestand Cooks einziger Fehler darin, daß er die Stewart-Insel für eine Halbinsel gehalten hatte, weil die *Endeavour* zum Zeitpunkt dieser Beobachtung so weit nach Osten und Süden abgetrieben worden war, daß Cook – als er endlich wieder Land in Sicht hatte – nicht wissen konnte, daß er inzwischen an der Foveaux-Straße vorbeigesegelt war. Abgesehen von diesen beiden Irrtümern ist Cooks Karte von Neuseeland geradezu erstaunlich exakt.

Australien und das große Barriere-Riff

Die *Endeavour* blieb nicht lange im Königin-Charlotte-Sund. Das Schiff befand sich in ausgezeichnetem Zustand, die Mitglieder der Besatzung waren gesund, und Cook wollte die Heimreise antreten. Alles, was man ihnen aufgetragen hatte, war erledigt worden, und nun stand es ihnen frei, nach England zurückzukehren. Es gab drei verschiedene Routen, deshalb hielt Cook seine demokratische Versammlung mit den Offizieren ab und faßte den Entschluß, wie üblich, allein.

Sie konnten um Kap Horn heimfahren, aber das war eine langwierige und gefährliche Passage. Cook befürchtete, die Takelage, die inzwischen ihre besten Tage hinter sich hatte, würde den Stürmen, mit denen man am Kap unbedingt rechnen mußte, nicht mehr widerstehen können, und die schon jetzt knappen Nahrungsvorräte reichten für eine so lange Fahrt nicht aus. Außerdem begann nun auf der südlichen Halbkugel der Winter.

Sie hätten um das Kap der Guten Hoffnung segeln können, aber dann hätte die *Endeavour*, die schon bei guten Wetterbedingungen nur mit allergrößten Schwierigkeiten gegen den Wind segeln konnte, wochenlang mit den dort herrschenden Westwinden kämpfen müssen, und diese Aussicht war alles andere als angenehm. Überdies würde sich das Problem der Versorgung mit Nahrungsmitteln auch bei dieser Route ergeben. Außerdem hatte bereits Tasman diese Fahrt gemacht, und Cook folgte nicht gern ausgetretenen Pfaden.

Es war also geradezu unvermeidlich, daß Cook schließlich die

dritte Möglichkeit wählte. Sie muß eine unwiderstehliche Anzie-
hungskraft auf ihn ausgeübt haben, denn sie erforderte neue Leistungen, eine neue Entdeckung, die Erforschung des einzigen großen Streifen Landes der gemäßigten Zonen, der noch nicht erforscht
worden war – nämlich der australischen Ostküste. Soweit Cook
wußte, hatte außer Tasman kein einziger Europäer je die östliche
Seite des Kontinents gesehen oder betreten. Das war eine Heraus-
forderung nach seinem Herzen. (Was Cook allerdings nicht wußte
und auch niemals erfahren sollte, war die Tatsache, daß er der erste
Entdecker dieses Landesteils war. Tasman und er hatten immer
geglaubt, Van-Diemens-Land, das der Holländer besucht hatte, gehöre zum Kontinent – in Wirklichkeit handelte es sich aber um
die Insel, die wir heute Tasmanien nennen und die keinerlei Verbindung mit dem australischen Festland hat.) Und wenn sie die Nordküste Australiens erreicht hatten, konnten sie Kurs auf Holländisch-Ostindien nehmen, wo man, wie Cook wußte, neue Vorräte
aufnehmen konnte.

Die *Endeavour* verließ Neuseeland am 1. April. Cook wollte geradewegs Kurs auf Van-Diemens-Land nehmen – Tasman hatte
eine ziemlich genaue Positionsbestimmung hinterlassen –, doch
widrige Winde trieben sie weit von der beabsichtigten Route nach
Norden ab, und als sie endlich Land sichteten, war es Australien
und nicht Tasmanien. Wegen heftiger Stürme war schon die Foveaux-Straße zwischen der Südinsel und der Stewart-Insel Cooks
Aufmerksamkeit entgangen, und aus demselben Grund übersah er
die Bass-Straße zwischen Australien und Tasmanien. Cook war
jedenfalls der Meinung, er hätte an derselben Küste Land gesichtet
wie Tasman, nur etwas weiter oberhalb.

Man sollte vielleicht erwähnen, daß Cook, obwohl er die Bass-
Straße nicht gesehen hatte, doch an dieser Stelle eine Passage vermutete, ebenso hatte übrigens Tasman eine Passage an Stelle der
Cook-Straße vermutet. In seinen Karten hatte Tasman die Nord-
und Südinsel Neuseelands als eine einzige, zusammenhängende Insel eingezeichnet, während er in sein Tagebuch schrieb, daß es eine

Passage geben müsse, die beide Landesteile trenne. In seiner Karte verzeichnete Cook Australien und Tasmanien als zusammenhängendes Festland, in sein Tagebuch schrieb er jedoch, es gebe wahrscheinlich eine Meeresstraße, die beide Landmassen trenne.

Höchstwahrscheinlich befand sich die *Endeavour* bereits in der Bass-Straße, als Kapitänleutnant Hicks am 21. April als erster Au-

Maori-Krieger, gezeichnet von Sydney Parkinson

stralien sichtete. Er entdeckte einen Hügel, den Cook den Point Hicks Hill nannte. Es ist nicht genau bekannt, wo dieser Hügel sich befindet. Es dürfte sich wohl um einen kleinen Berg hinter dem heute als Everard-Kap bezeichneten Vorgebirge handeln.

Cook segelte, zuerst in östlicher, dann in nördlicher Richtung, die Küste entlang und suchte einen geeigneten Ankerplatz. Sie sahen häufig Rauchsäulen und schlossen daraus, das Gebiet müsse bewohnt sein, obgleich keine Menschen zu erblicken waren. Nachdem sie eine Woche lang nördlich gesegelt waren, fanden sie eine Stelle, die zur Landung außerordentlich gut geeignet schien, und gingen vor Anker. Hier begegneten sie den ersten Ureinwohnern, die sehr dunkelhäutig waren und ganz anders als Polynesier und Maoris aussahen. Einige verhielten sich feindselig, aber nicht annähernd so feindselig wie die Maoris. Andere blickten gleichgültig – Cook berichtete, daß Ureinwohner, die in zwei Einbäumen eifrig mit Fischfang beschäftigt waren, die *Endeavour* überhaupt nicht beachteten, und das ist in der Tat erstaunlich, war es doch fast unmöglich, daß die Eingeborenen schon einmal ein derartiges Schiff gesehen hatten. Keiner der Ureinwohner begrüßte die Fremden. Alle trugen, wie man beobachtete, »kurze Krummsäbel« – die berühmten Bumerangs.

Sie fanden Trinkwasser, und in der Bucht wimmelte es derart von Fischen, daß Cook sie auf den Namen Stachelrochen-Bucht taufte, aber es gab kein Fleisch, keine frischen Früchte, kein Gemüse – die Ureinwohner betrieben keine Landwirtschaft und waren schon deshalb weit rückständiger als die Maoris in der Bucht des Überflusses, die Ackerbau und Viehzucht erstaunlich weit entwickelt hatten. Eines aber gab es so reichlich, daß Banks, Solander und die anderen Wissenschaftler vor Begeisterung außer sich gerieten – Pflanzen. Sie fanden dort Hunderte von Arten, die in Europa vollkommen unbekannt waren, so viele übrigens, daß Cook der Bucht den Namen gab, der in der frühen australischen Geschichte so berühmt – und seit der Ansiedlung von Sträflingen auch so berüchtigt – werden sollte wie kein anderer: Botany Bay.

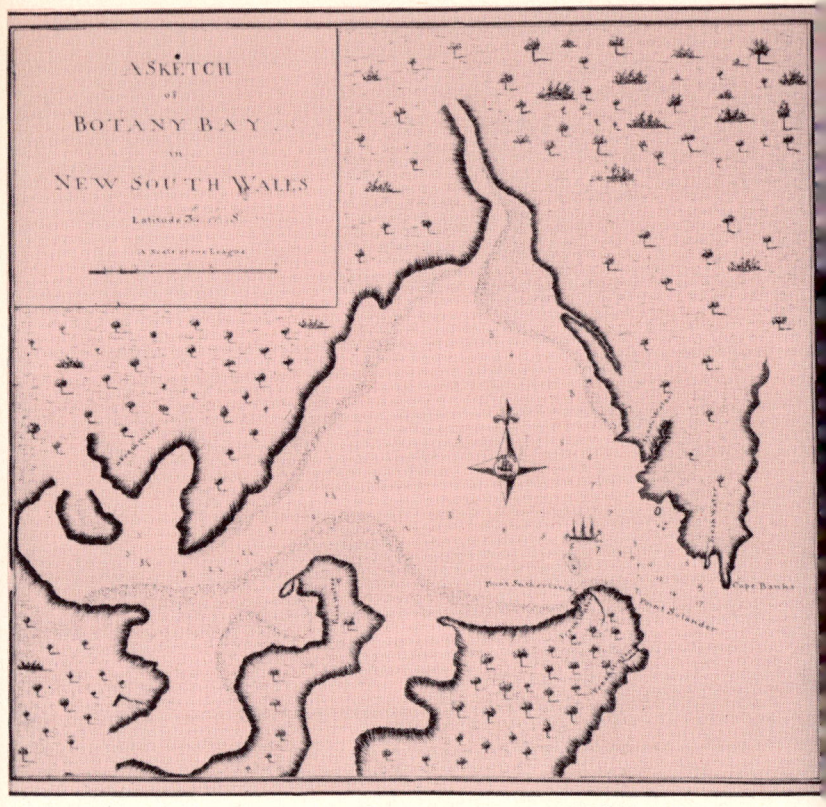

Cooks Karte der Botany Bay, New South Wales

Am 6. Mai segelten sie ab. Knapp fünfzehn Kilometer weiter nördlich passierten sie die Einfahrt zu einem anderen natürlichen Hafen, den Cook Port Jackson nannte. Er vermutete, daß es sich um einen sicheren Ankerplatz handelte. Vielleicht ist es gut, daß er starb, ohne zu erfahren, daß er an Sydney, dem schönsten natürlichen Hafen der Welt, vorbeigefahren war.

Die folgenden fünf Wochen segelte die *Endeavour* bei recht gutem Wetter nordwärts an der Küste entlang. Cook war in seinem Element. Natürlich gab es auch Schwierigkeiten – zum Beispiel als jemand seinem Sekretär Mr. Orton die Ohrläppchen abschnitt, als dieser gerade volltrunken war (der Schuldige wurde nie ertappt), oder als er später durch die labyrinthischen Windungen, die unzähligen Felsen, Klippen und Riffe des Großen Barriere-Riffs lavieren mußte. In erster Linie konnte er sich jedoch seiner Lieblingsbeschäftigung hingeben: Er zeichnete eine Reihe von Karten und taufte alles, was in Sicht kam – die Zahl der Inseln, Buchten, Sunde, Berge und Kaps, denen Cook einen Namen gab, ist schwindelerregend. Cooks Reichtum an Einfällen für immer neue Namen schien unerschöpflich zu sein.

Am 11. Juni lief die *Endeavour* um elf Uhr abends mit einem solchen Ruck auf ein unter Wasser liegendes Korallenriff, daß sämtliche Schiffsplanken erzitterten. Sie lag fest, war nicht mehr manövrierfähig, und es zeigte sich sofort, daß der Schaden sehr ernst war, denn es strömten große Wassermengen in das leckgeschlagene Schiff. Unglücklicherweise war die *Endeavour* nicht nur beim höchsten Gezeitenstand aufgelaufen – was Schiffskapitäne mehr fürchten als alles andere –, sondern sie wurde auch noch unaufhörlich von der starken Brandung, die sich über dem Riff brach, hin und her gedrückt, wodurch das Leck, das schon jetzt bis zum Schiffsboden reichte, noch vergrößert wurde.

Die Pumpen wurden sofort in Betrieb genommen, aber sie waren dem eindringenden Wasser nicht gewachsen. Mit einsetzender Ebbe bekam die *Endeavour* Schlagseite, was die beschädigten Planken noch mehr beanspruchte. Je mehr der Gezeitenspiegel sank, desto kritischer wurde die Situation. Das Festland war gut dreißig Kilometer entfernt. Wenn jetzt plötzlich Sturm einsetzte, konnte das Schiff von den Klippen gerissen werden und sinken. Und es gab nicht genug Boote, um die gesamte Besatzung in Sicherheit zu bringen.

Die *Endeavour* befand sich in einer verzweifelten Lage, aber schließlich sind Männer wie Captain Cook wie geschaffen für derartige Situationen. Cook verringerte das Schiffsgewicht, indem er rund fünfzig Tonnen Material über Bord werfen ließ – die zum Untergang verdammten Ausrüstungen des Tischlers und des Hochbootsmanns, Feuerholz, Stein- und Eisenballast aus dem Laderaum und sogar die Kanonen. Letztere wurden allerdings mit Bojen versehen, damit man sie später wieder bergen konnte. Zugleich wurden Anker auf die Pinasse gebracht und in einiger Entfernung von der *Endeavour* ins Meer gelassen, um das Schiff mit Hilfe der Ankerwinde und der Wellbäume in tieferes Wasser warpen zu können. Man kann sich vorstellen, wie unmenschlich die Besatzung schuften mußte, um fünfzig Tonnen Ballast aus dem Frachtraum zu schaffen, wobei natürlich die Pumparbeiten keinen Augenblick lang unterbrochen werden durften. Am nächsten Morgen gegen elf Uhr, als die Flut wieder am höchsten stand, war fast jeder Mann an Bord zu Tode erschöpft.

Die Flut kam und ging, und das Schiff saß immer noch fest. Doch Cook blieb bemerkenswert gelassen. Er wußte, daß die Flut an jener Küste nachts viel höher stand als am Tage. Außerdem stellte er sich die Frage, ob es überhaupt klug war, das Schiff vom Riff hinunterzubringen – denn die *Endeavour* wurde vermutlich nur durch die Korallenbank, auf der sie lag, davor bewahrt, wie ein Stein zu sinken. Cook beschloß, den Versuch trotzdem zu wagen. Wenn sie schnell sinken sollte, wollte er sofort versuchen, sie wieder auf das Riff zu warpen; sollte sie loskommen und nur relativ langsam Wasser nehmen, wollte er versuchen, bis an die Küste zu segeln, sie dort auf den Strand zu ziehen, auseinanderzunehmen, aus den Planken ein kleineres Schiff zu bauen und damit nach Holländisch-Ostindien zu segeln. Er ist »nicht unterzukriegen« ist ein Schlagwort, das man kaum auf Captain Cook anwenden mag, doch ein besseres läßt sich wohl nicht finden.

Aber es zeigte sich, daß man ohne Anwendung von einer der beiden Notlösungen auskam. In der Nacht wurde die *Endeavour* beim höchsten Stand der Flut von allen entbehrlichen Männern (die meisten anderen pumpten) an den Wellbäumen, über die die Ankerseile liefen, vom Riff gezogen. Zu jedermanns Überraschung schwamm sie nicht nur ganz ordentlich, sondern machte jetzt weniger Wasser als vorher. (Wie man später feststellte, war folgendes geschehen: Als sie losgezogen wurde, hatte sich ein großes Stück vom Korallenriff gelöst und das Leck teilweise verstopft.)

Cook beschloß, das Leck weiter zu verstopfen – es zu füttern, wie es in der Seemannssprache heißt. Man führte ein Tau unter dem Schiffsbauch hindurch und befestigte es an einem Segel, das mit Werg und Wolle umwickelt war. Anschließend zog man das Segel unter das Schiff, und als es das Leck erreichte, wurde es vom Wasserdruck in die richtige Lage gedrückt, ein Vorgang, der das Wasser im Vergleich zu vorher nur noch tropfenweise eindringen ließ, obgleich die Pumpen weiterhin in Betrieb bleiben mußten.

Cook entsandte Boote zur Erkundung des Ufers, weil er eine geeignete Stelle finden mußte, wo man die *Endeavour* krängen und das Loch im Schiffsrumpf reparieren konnte. Und jetzt war das Glück wieder auf seiner Seite, denn eines der zurückkehrenden Boote hatte etwas nördlich eine den Gezeiten ausgesetzte Flußmündung entdeckt. Cook ließ die *Endeavour* hinsegeln, und obwohl man wegen widriger Winde drei Tage warten mußte, ehe man in die Mündung einfahren konnte, und selbst dann noch zweimal auf Grund ging, fand man schließlich einen ausgezeichneten Ankerplatz, kaum sieben Meter vom Flußufer entfernt.

Cook ließ das Schiff von allen Vorräten und allem Ballast befreien, damit es so weit wie möglich auf das Ufer gewarpt werden konnte. Es stellte sich heraus, daß der größte Teil des Unterwasserschutzes abgerissen worden war und vier Planken fehlten, aber die findigen Tischler und Schmiede konnten den Schaden beheben. Ihre größte Schwierigkeit bestand darin, daß sie nur bei Ebbe arbeiten konnten, wenn die Planken freilagen.

Grevillea *(Grevillea gibbosa)* aus der Nähe des Endeavour-Flusses. Zeichnung von Sydney Parkinson

Hier gelang es ihnen zum erstenmal, die Ureinwohner etwas näher kennenzulernen. Im Gegensatz zu den Polynesiern handelte es sich um schüchterne, zurückhaltende und beinahe furchtsame Menschen, obgleich sie allerdings die tahitische Vorliebe, sich fremdes Eigentum anzueignen, voll und ganz teilten. Cook schätzte, daß sie das ärmste Volk der Erde waren – sie besaßen buchstäblich so gut wie nichts. Doch er besaß genügend Scharfsinn, um zu vermuten, daß sie wahrscheinlich ein glücklicheres und sorgloseres Leben führten als die Europäer.

Das fast tropische Gebiet – man darf nicht vergessen, daß Cook sich nur fünfzehn Breitengrade vom Äquator entfernt befand – war ein Paradies für jeden Naturforscher. Es wimmelte von Tieren und Fischen aller Art. Muscheln und Schildkröten gab es im Überfluß, tropische Vogelarten zu Dutzenden. Hier erblickten sie zum erstenmal Krokodile, Dingos, Zwergkänguruhs und Känguruhs.

Den Naturwissenschaftlern wäre nichts lieber gewesen, als möglichst lange hier zu bleiben, aber davon wollte Cook nichts wissen. Obgleich man die *Endeavour* ganz gut repariert hatte, befand sie sich immer noch in einem recht unbefriedigenden Zustand; und die nächsten Schiffsdocks lagen in Holländisch-Ostindien – in Batavia, Java. Cook wußte noch nicht einmal, wie er dort hinkommen sollte, denn es gab noch keinen Beweis dafür, daß zwischen Australien und Neuguinea eine Meeresstraße existierte. Überdies reichten die Vorräte an Lebensmitteln nur noch für drei Monate. Das schlimmste war jedoch, daß der Südostpassat bald in Nordwestpassat umschlagen würde, und wenn man zu lange zögerte, würde die *Endeavour* unendlich viel Zeit brauchen, um auf dem Weg nach Batavia gegen den Wind zu kämpfen. Cook segelte also am 6. August ab, nachdem er den Landeplatz auf den Namen Endeavour-Fluß getauft hatte. (Die Stadt, die sich heute hier befindet, heißt Cooktown.)

Sie fuhren nordwärts, aber nur sehr behutsam. Sie begegneten mehr Klippen, Felsen und Inselchen als je zuvor. Cook brauchte eine ganze Woche, um durch einen besonders schlimmen Abschnitt

zu lavieren, den er anschließend Labyrinth taufte. Die Gefahr war
so groß, daß man nachts überhaupt nicht mehr segeln konnte. Am
Tag fuhr die Pinasse der *Endeavour* voraus, und man vermaß ununterbrochen die Meerestiefen, während Cook selbst im Mastkorb
saß und von morgens bis abends lotste und Anweisungen erteilte.

Als man das Labyrinth unbeschädigt durchquert hatte, brauchte
Cook noch über eine Woche, bis er das Barriere-Riff hinter sich
gelassen hatte. Einmal, als er es gründlich satt hatte, so unendlich
langsam voranzukommen – für eine Entfernung, die ein modernes
Schiff mit Leichtigkeit in einem Tag zurücklegen könnte, brauchten

Der Endeavour-Fluß, an dessen Ufer das Schiff aufgeholt liegt

sie sechzehn Tage, wobei man allerdings berücksichtigen muß, daß Cook der erste war, der jemals durch diese unglaublich heimtückischen Seen fuhr –, machte er sich eine Lücke im Riff zunutze, um zum offenen Ozean durchzubrechen.

Doch die Entfernung zwischen der Küste und dem Barriere-Riff vergrößerte sich ständig – das Riff verlief nördlich, während das Land jetzt nach Nordwesten zurückwich. Er konnte in dieser Position den Kurs nicht vermessen und befand sich, was noch bedrohlicher war, auch zu weit auf See. Wenn er noch mehr aufs Meer hinaussegelte und es tatsächlich eine Straße zwischen Australien und Neuguinea geben sollte, bestand die Gefahr, daß er sie verfehlte und sich irgendwo an der Küste Neuguineas wiederfand. Cook hatte keine Wahl. Er nahm wieder Kurs auf Land und durchfuhr abermals das Große Barriere-Riff. Dabei hätte er die *Endeavour* fast auf einem Korallenriff verloren.

Doch jetzt nahmen die gefährlichsten Gewässer, denen er je begegnet war und denen er je begegnen sollte, schnell ein Ende. Er näherte sich der Küste und konnte schließlich vom Mastkorb aus erkennen, daß das Festland zur Linken so schmal geworden war, daß man auf der anderen Seite den Ozean sah. Kurz darauf erblickte man an Backbord überhaupt kein Land mehr. Cook hatte den nördlichsten Zipfel Australiens erreicht und einen neuen Seeweg nach Ostindien entdeckt, eine Passage, die er jetzt auf den Namen Endeavour-Straße taufte.

Den Nordzipfel nannte er Kap York; so bezeichnet man seitdem die gesamte Halbinsel. Bevor Cook Australien verließ, ergriff er offiziell im Namen der Krone Besitz von dem neuen Land. Diese Pflicht hatte er auch in Neuseeland und auf so vielen pazifischen Inseln nicht versäumt. Er nannte es »Neusüdwales« und bezeichnete damit den östlichen Teil des australischen Kontinents. In Wirklichkeit beanspruchte er damit ganz Australien. Es ist geradezu verblüffend, daß ein einziger Mann in wenigen Monaten sowohl Neuseeland als auch Australien für die Britische Krone gewann. Statt direkt Kurs auf Batavia zu nehmen, mußte Cook erst noch eine unersättliche Neugier befriedigen und sich persönlich davon überzeugen, wie weit Neuguinea in nördlicher Richtung von Kap York entfernt lag – wir dürfen nicht vergessen, daß in der westlichen Welt bis dahin noch niemand wußte, ob Australien und Neuguinea miteinander verbunden waren oder nicht. Man nimmt heute an, einige Leute hätten zwar gewußt, daß Torres tatsächlich eine Straße zwischen Neuguinea und Australien gefunden hatte, sie hätten dieses Wissen allerdings für sich behalten. Zu ihnen gehörte angeblich auch Alexander Dalrymple, der gehofft hatte, man würde ihm das Kommando der *Endeavour* übertragen, er könnte dann die Straße entdecken und großen Ruhm erlangen. Er hatte Banks von der Torresstraße erzählt, und Banks gab diese Information an Cook weiter, aber dieser mißtraute ihr genauso, wie er Dalrymple über-

Banks und seine Mitfahrer sahen viele Pflanzen und Tiere zum ersten Male – zum Beispiel das Känguruh, hier skizziert von Sydney Parkinson

haupt mißtraute. Es ist eine feine Ironie des Schicksals, daß es ausgerechnet Cook sein sollte, der Dalrymples Traum von einem Südkontinent auf seiner nächsten und noch größeren Fahrt endgültig
zerstörte.

Trotz der gefährlichen Riffe und obwohl das Wasser manchmal
so flach war, daß es unmöglich wurde, sich in Sichtweite Neuguineas zu halten, gelang es Cook schließlich doch, das Schiff zu landen. Die Eingeborenen des Golfs von Papua verhielten sich allerdings so eindeutig feindlich, daß er sich dort nicht lange aufhielt.
Er drehte nach Osten, durchquerte die ausgedehnten Gewässer von
Arafura und Timor und machte dann eine kurze Pause auf der
Insel Suva, die damals von der holländischen Ostindienkompanie
beherrscht wurde.

Hier empfing man Cook gastfreundlich, und er konnte große
Mengen an frischem Fleisch, frischen Früchten und frischem Ge-
müse kaufen. Am 22. September erreichte die *Endeavour* Java, aber
Wind und Strömung waren so ungünstig, daß man erst am 10. Ok-
tober in Batavia ankam, in der ersten zivilisierten Stadt nach der
Abfahrt aus Rio de Janeiro vor fast zwei Jahren.

Cook hatte bereits alle Tagebücher seiner Offiziere und Männer
eingesammelt und schickte sie nun, ebenso wie seine eigenen Tagebücher und die vielen Karten, die er gezeichnet hatte, mit dem
holländischen Schiff *Kronenburg* an die Admiralität in London.
Obgleich er an dem Wert seiner Karten – »nur von wenigen Teilen
der Erde sind Länge und Breite besser bekannt« – keinerlei Zweifel
hegte, würdigte er in seinem Begleitschreiben die Bedeutung seiner
Entdeckungen unglaublich herab. Er schien fast um Entschuldi-
gung zu bitten, daß es ihm nicht gelungen war, den großen Südkontinent zu finden, und zu den anderen Ergebnissen seiner Reise sagte
er lediglich: »Auf dieser Fahrt wurden keine großen Entdeckungen
gemacht« – eine recht bemerkenswerte Feststellung für einen Mann,
der soeben Neuseeland und Australien für die Britische Krone annektiert hatte.

In diesem Brief äußerte sich Cook sehr schmeichelhaft über alle seine Offiziere und Männer und überschüttete auch die Wissenschaftler mit Lob. Es ist anzunehmen, daß wenigstens einige von ihnen auch ihre Fehler hatten, aber Cook erwähnt nichts dergleichen. Das zeugt von außerordentlichem Großmut. In all seinen Briefen gibt es nur eine einzige Stelle, die ein wenig Selbstzufriedenheit verrät: »Ich habe die Befriedigung sagen zu können, daß ich auf der gesamten Fahrt keinen einzigen Mann durch Krankheit verloren habe.«

Das stimmte. Wenn man Epilepsie und Alkoholvergiftung nicht als normale Krankheiten bezeichnet, trifft seine Feststellung zu – die anderen Opfer waren ertrunken oder, geschwächt durch den Genuß von allzuviel Rum, in Feuerland erfroren. Aber die Sorgen um die Gesundheit seiner Leute sollten erst beginnen. Die *Endeavour* traf nach ihrer legendären weltumspannenden Fahrt mit einer vollkommen gesunden Besatzung in Batavia, dem ersten Vorposten der Zivilisation, ein und verließ die Stadt als Hospitalschiff.

Batavia (seit die Holländer Indonesien nach dem Zweiten Weltkrieg räumen mußten, heißt die Stadt Djakarta) war zu jener Zeit höchstwahrscheinlich der ungesündeste Ort der Welt. Die Niederländer hatten die Stadt nach dem Vorbild einer ihrer Heimatstädte auf einer flachen und tief gelegenen Ebene erbaut – fast jede größere Straße besaß einen eigenen Kanal, der neben ihr entlanglief. Doch im Gegensatz zu den kühlen nördlichen Breiten Amsterdams führte das in der dampfenden Treibhausluft der Tropen zu einem Chaos. Die Kanäle waren unglaublich schmutzig, angefüllt mit Rückständen aus den Kloaken und Abfällen aller Art und praktisch ohne jeden Abfluß, also der ideale Platz für Moskitos, Viren und Erreger einer großen Zahl tropischer Krankheiten. Die Malaria war selbstverständlich weit verbreitet, doch die meisten Opfer schien die Ruhr zu fordern. Banks erklärte – und wir haben keinen Grund, ihm, dem präzisen Wissenschaftler, nicht zu glauben, von hundert holländischen Soldaten, die man zum Dienst in der Garnison Batavia geschickt habe, seien damals nach Ablauf eines Jahres fünfzig tot, fünfundzwanzig im Krankenhaus und nur noch zehn voll

The City of BATAVIA in the Island of Java and Capital of all
the Dutch Factories & Settlements in the East Indies.

Publish'd according

London Printed for Rob.ᵗ Sa

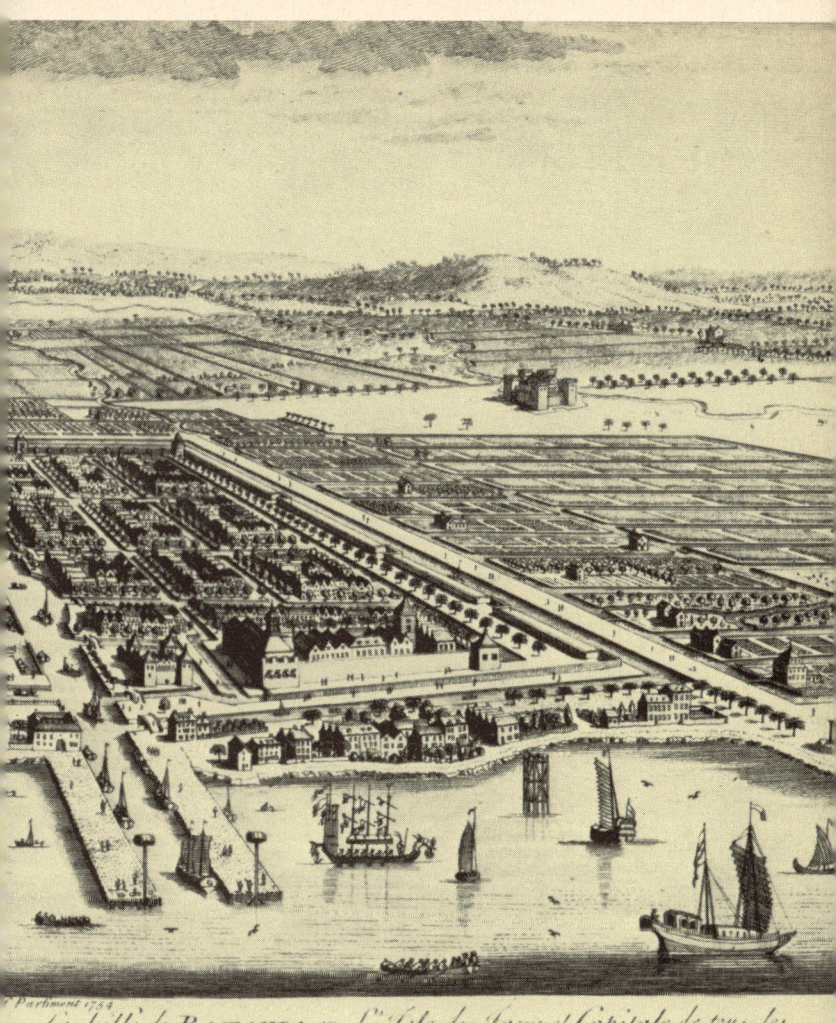

Partinont 1754

La Ville de BATAVIA en L'Isle de Java et Capitale de tous les
..ute Fetter Lane Fleet Street — Comptoirs et Etablissements Hollandois dans les Indes Orien...

Batavia (Djakarta) im Jahre 1754 – in Cooks Zeit eine der ungesündesten
Städte der Welt. Die Verluste in Cooks Mannschaft bewiesen es

diensttauglich gewesen. Diese alarmierenden Zahlen scheinen kaum glaublich, aber Cook sollte noch die Erfahrung machen, daß sie keineswegs übertrieben waren. Als er Batavia verließ, erklärten ihm holländische Kapitäne, er könne sich glücklich schätzen, daß er nicht bereits die Hälfte seiner Besatzung verloren habe.

Als die *Endeavour* nach Beendigung der Reparaturarbeiten kurz nach Weihnachten vor Batavia in See ging, hatten sie bereits sieben Mann verloren, und vierzig weitere waren so schwer erkrankt, daß sie nicht mehr bei den Schiffsarbeiten helfen konnten. Die übrige Besatzung, schrieb Cook, befand sich in schlechtem Gesundheitszustand. Bei den sieben Toten handelte es sich um den Schiffsarzt, um Tupia und seinen Diener, um den Diener des Astronomen Green und um drei Seeleute. Auch Banks erkrankte ernstlich und rettete sich nur dadurch, daß er in die Berge ging, wo die Luft kühler und frischer war, und sich mit großen Chininmengen behandelte.

Man darf annehmen, daß Cook Batavia auf der Fahrt nach Cooktown, seinem nächsten Ziel, mit großer Erleichterung verließ, und sicher vertraute er darauf, daß nun das Ärgste überstanden war. Doch das Allerschlimmste lag noch vor ihm. Die Logbücher der zehnwöchigen Fahrt von Batavia zum Kap der Guten Hoffnung bilden eine erschreckende Lektüre. Vier Wochen nach Verlassen Batavias starb ein Mitglied der Besatzung, und innerhalb der folgenden Woche verschieden zehn weitere Männer, darunter der Astronom Green und der Tier- und Pflanzenmaler Parkinson. Im nächsten Monat, dem Februar, starben zwölf andere Besatzungsmitglieder, und das bedeutete, daß ein Viertel der ursprünglichen Schiffsmannschaft auf der – vergleichsweise – kurzen Fahrt von Ostindien nach Afrika verstorben war. Zeitweise waren nur noch zwölf Leute in der Lage, das Schiff in Betrieb zu halten, und selbst diese konnte man keineswegs als gesund bezeichnen.

Cook selbst scheint den Krankheiten auf fast wunderbare Weise getrotzt zu haben, vielleicht war er aufgrund seiner geradezu eisernen Konstitution tatsächlich immun. Es ist allerdings ebensogut möglich, daß auch er krank wurde, es aber weder zeigte noch erwähnte. Als ihm einmal bei der Vermessung der neufundländischen Küste von einer Pulverflasche beinahe die rechte Hand abgerissen wurde oder als er später an einer schweren Gallenblaseninfektion erkrankte, erwähnte er auch nie etwas von seinen Schmerzen.

Am 14. März traf die *Endeavour* in Kapstadt ein. Ungefähr dreißig Männer, die immer noch schwerkrank waren, wurden ins Krankenhaus gebracht. Cook hatte also nur noch die Hälfte seiner ursprünglichen Besatzung zur Verfügung, und an Bord befanden sich jetzt weniger als zwanzig Männer, die das Schiff manövrieren konnten. Glücklicherweise konnte er in Kapstadt neue Leute anheuern, die ihm halfen, mit der *Endeavour* nach England zurückzusegeln.

Im Krankenhaus starben noch drei weitere Mitglieder der ersten *Endeavour*-Besatzung. Mitte April ließ Cook die Kranken an Bord bringen und nahm Heimatkurs. Einige waren immer noch sehr krank, einer so schwer, daß er noch vor der Ausfahrt aus der Tafelberg-Bucht verschied. Auf dem Heimweg starb auch Kapitänleutnant Hicks – er war schon vor langem an der Schwindsucht erkrankt. Und dann, am 12. Juli 1771, zwei Jahre und elf Monate nach der Abfahrt, war die *Endeavour* wieder zu Hause.

Antarktis und Polynesien

Gern würden wir jetzt berichten, Cook sei bei seiner Rückkehr nach England der Held des Tages gewesen. Das scheint jedoch nicht der Fall gewesen zu sein. Für die Öffentlichkeit und die *Royal Society* waren nur Banks und Solander wichtig. Sie hatten all die fremdartigen Souvenirs aus jenen exotischen und faszinierenden Ländern am anderen Ende der Erde mitgebracht, die Häute von Tieren und Vögeln, von denen die Welt nichts gewußt hatte, die Fische, die man nie zuvor erblickt hatte, die Unzahl unbekannter Insekten und Hunderte von präparierten Pflanzen, die in Europa unbekannt waren. Man schätzte, daß der unglückliche Tier- und Pflanzenmaler Parkinson bis zu seinem Tode mehr als tausendfünfhundert Zeichnungen und Skizzen unbekannter Pflanzen und Tiere vollendet hatte. Und es kann kein Zweifel daran bestehen, daß Banks und seine Wissenschaftler all das Lob verdienten. Sie hatten unter den schwierigsten Bedingungen großartig gearbeitet, und ihre Leistungen beim Erschließen neuer Wege der Naturwissenschaften sind vielleicht nur von Darwin überboten worden. So kam es, daß Banks und seine Freunde sich im Rampenlicht sonnten, während man Cook mehr als einen Chauffeur betrachtete, der sie von Ort zu Ort gefahren hatte.

Außerdem gab es natürlich auch einen Zusammenhang zwischen dem Empfang, der ihnen zuteil wurde, und ihrer Persönlichkeit. Banks, ein wohlhabender junger Mann der Gesellschaft, hatte einen Schwarm einflußreicher Freunde und liebte es, bewundert zu werden. Der eher zurückhaltende, introvertierte Cook verteidigte lei-

Sir Joseph Banks zwischen seinen Reisetrophäen. Zur Zeit der Entstehung des Gemäldes war Sir Joseph Präsident der *Royal Society*

denschaftlich seine Privatsphäre und ging dem Glanz der Publicity möglichst aus dem Weg. Dem Beifall der Öffentlichkeit stand er recht gleichgültig gegenüber. Er hatte sich aufgemacht, um etwas Bestimmtes zu leisten, es war ihm geglückt, und das war die Belohnung, die er sich gewünscht hatte.

Doch selbst für Cook muß es außerordentlich befriedigend gewesen sein, daß der für ihn bestimmte Beifall von Fachleuten stammte, von den einzigen Menschen also, die fähig waren, die Größe seiner Leistungen zu würdigen. Die Lords der Admiralität zögerten im allgemeinen lange, wenn es darum ging, eine Leistung angemessen zu belohnen, aber sie überschütteten Cook mit so überschwenglichen Lobeshymnen, daß es ihm fast ein bißchen peinlich gewesen sein muß. In Anbetracht seiner Leistungen hätte allerdings kein Lob zu hoch sein können.

Es steht außer Frage, daß Cook jetzt von seinen Vorgesetzten als der größte Entdecker und Navigator seiner Zeit betrachtet wurde. Es steht auch außer Frage, daß Cooks einfache Herkunft und seine langen Jahre vor dem Mast jetzt endgültig vergessen waren und daß er nun zu »ihnen« gehörte. Er war ein vertrauter und enger Freund der Leute geworden, in deren Händen die Fäden der Seemacht zusammenliefen. Doch gleichzeitig sollte man – ohne jeden Zynismus – keinesfalls vergessen, daß Cook jetzt der größte Public-Relations-Wert war, den die Navy seit Generationen besessen hatte, und daß seine außerordentlichen Erfolge nicht zuletzt dem Scharfblick und Weitblick derjenigen angerechnet wurden, die den richtigen Mann für diese große Aufgabe ausgesucht hatten – also ihren Lordschaften persönlich.

Ein so wertvoller Mann durfte einfach nicht tatenlos im Mutterland herumsitzen. Sofort nach seiner Rückkehr wurde Cook zum Fregattenkapitän befördert, und man übertrug ihm das Kommando der *H. M. S. Scorpion.* Die Admiralität hatte ganz gewiß nicht im Sinn, Cook jemals auf diesem Schiff segeln zu lassen. Es war nur eine Pro-forma-Ernennung, ein Mittel, um Cook weiterhin den Genuß seiner vollen Bezüge zu sichern, während er sich der Vorbereitung einer neuen Expedition in die südlichen Meere widmen konnte.

Es ist nicht ganz sicher, wer diesmal der Spiritus rector oder wo das Hauptmotiv für diese zweite Expedition war. Wir wissen nichts über die Geburtsstunde dieser Idee. Manchmal tauchen solche Projekte wie aus dem Nichts auf, werden vage umrissen, bald spricht man überall davon und sie bekommen festere Konturen, bis die Idee schließlich Wirklichkeit wird. Bestimmt hatte die *Royal Society* dabei die Hand im Spiel – sie stand der Regierung nahe und war eine einflußreiche Gruppe des britischen Establishments. Bestimmt verhielt sich auch Cook alles andere als passiv. Wie alle großen Entdecker konnte er nicht mehr rasten, bis er wieder unterwegs war, nun da er einmal die Freude und Genugtuung gekostet hatte, die ihm der Vorstoß ins Unbekannte verschafft hatte. Bestimmt drängten auch die führenden Geographen jener Tage, vor allem Alexander Dalrymple, der sich immer noch an seine Theorie vom Südkontinent klammerte, auf die Durchführung dieser zweiten Expedition. Doch es scheint, daß die eigentliche Entscheidung in diesem Fall bei den Lords der Admiralität lag.

Vielleicht rechneten sie mit der Möglichkeit, Cook könnte tatsächlich noch das sagenumwobene Südland oder andere Länder und Inseln finden, die noch nicht entdeckt worden waren, und alles mit seiner gewohnten Schnelligkeit für die Britische Krone annektieren – ein außerordentlich reizvoller Gedanke, der keineswegs undurchführbar zu sein schien, denn die Südmeere waren noch immer weitgehend unbekannt. Mit Ausnahme seiner Umsegelungen des Kap Horn und der neuseeländischen Südinsel hatte Cook bisher den vierzigsten Grad südlicher Breite kaum hinter sich gelassen. Wahrscheinlicher aber ist, daß sie Cook rieten, noch einmal eine weite Entdeckungsreise – es kam gar nicht so sehr auf ein bestimmtes Ziel an – zu machen, die ihm, seinem Land und ganz nebenbei auch ihren Lordschaften der Admiralität neues Ansehen, neue Ehre und neuen Ruhm bringen sollte.

Tatsächlich erhielt Cook keine genauen Anweisungen für seine

I receive a commission to command His Majesty's Sloop Drake at this time in the Dock at Deptford, Burthen 462 Tons to be mand with 110 Men including officers & to carry twelve guns, at the same time Captain Tobias Furneaux was appointed to the command of the Raleigh at Woolwich Burthen 336 Tons, 80 Men & ten guns. These two Sloops were both built at Whitby by Mr Fisbourn the same as built the Endeavour Bark, the former about fourteen and the latter eighteen Months ago, and had just been purchased into the Navy from Capt William Hammond of Hull in order to be sent on discoveries to the South Sea under my direction. The Admiralty gave orders that they sould be fitted in the best manner possible, the Earl of Sandwich at this time first Lord entrested himself very much in the Equipment and he was seconded by Mr Palliser and Sr Jno Williams the one Comptroller and the other Surveyor of the Navy, the Victualling Board was also very attentive in procuring the very best of every kind of Provision in short every department seemed to vie with each other in equiping these two Sloops; every standing Rule and order in the Navy was dispenced with; every alteration every necessary and usefull article was granted as soon as asked for ——

Two days after I received my Commission hoisted the Pendant and took charge of the Sloop accordingly and began to enter Seamen the Vestal Frigate at that time in ordnary, was appointed to receive them until the Sloop came out of Dock ——

The Admiralty changed the Sloops Names to Resolution and Adventure and the officers were order'd to take out new Comissions & Warrants accordingly

Erste Seite von Cooks eigenhändig geschriebenem Tagebuch

zweite Fahrt, auf der er und seine Männer so unvorstellbare Strapazen ertragen mußten, wie keine andere Reise sie jemals gefordert
hat. Niemand dachte daran, eine solche Fahrt später noch einmal
zu unternehmen, denn als Cook auf dieser Reise, die über drei
Jahre dauern sollte, die südlichsten Breiten der Südmeere erkundet
hatte, war kaum noch Neuland für andere Entdecker übriggeblie-
ben.

Zweifellos ließ man Cook völlig freie Hand hinsichtlich des Ziels
und Zwecks der Reise. Das läßt sich sogar beweisen. Im Tagebuch
der ersten Fahrt notierte Cook:

Ich hoffe, es wird nicht falsch aufgefaßt werden, wenn ich meine Meinung
darüber äußere, daß die beste Methode, weitere Entdeckungen in der Südsee zu machen, darin besteht, bei Neuseeland einzusegeln, nachdem man
zuvor das Kap der Guten Hoffnung umfahren hat. Von hier aus begebe
man sich zum Süden Neuhollands, zum Königin-Charlotte-Sund, wo man
wieder Holz und Wasser fassen kann und trage Sorge dafür, diesen Ort
gegen Ende September oder spätestens Anfang Oktober zu verlassen, damit
man noch den ganzen Sommer vor sich habe. Nachdem man die Straße
passiert hat, möge man mit den vorherrschenden westlichen Winden, auf
welcher Breite man will, nach Osten segeln, und wenn man dort nicht
auf Land trifft, hat man noch Zeit genug, Kap Horn zu umsegeln, bevor
der Sommer allzuweit fortgeschritten ist. Doch sollte man keinen Kontinent angetroffen und keine anderen Ziele in Sicht haben, dann gehe man
auf nördlichen Kurs und segle nach dem Besuch einiger bereits entdeckter
Inseln mit den Passatwinden auf der Suche nach den bereits erwähnten
Zielen zurück nach Westen – auf diese Weise könnte man die Südsee vollständig erforschen.

(Der Beginn dieses Abschnitts ist etwas unklar. Cook meint, die
nächste Expedition solle zuerst nach Kapstadt und dann unmittelbar zur Cook-Straße in Neuseeland gehen, um von dort aus in
die antarktischen Gewässer vorzustoßen.)

Mit dieser Route, der Cook im wesentlichen dann wirklich folgte,
war die Admiralität fraglos einverstanden. Sie erfüllte auch bereitwillig zwei weitere Forderungen Cooks: Er sollte ein größeres
Schiff bekommen als die *Endeavour,* auf der man zu wenig Platz

Ein Gemälde von Francis Holman aus dem Jahr 1771 zeigt die *Resolution* und die *Adventure*, die von Plymouth im Juli 1772 in See gingen

Tahitische Kriegskanus. Gemälde von William Hodges

gehabt hatte, und zur Sicherheit und gegenseitigen Unterstützung und Bequemlichkeit sollte ihn ein zweites Schiff begleiten.

Da Cook festgestellt hatte, daß die *Endeavour,* abgesehen von ihrer geringen Größe, hervorragend für seine Zwecke geeignet war, erwarb die Admiralität zwei weitere Kohlenschiffe vom Whitby-Typ: die *Marquis of Granby,* 462 Tonnen und 118 Mann Besatzung, sowie die *Marquis of Rockingham,* 350 Tonnen und 83 Mann Besatzung. Während ihrer Überführung zur Navy segelten die Schiffe unter den Namen *Drake* und *Raleigh.* Da jedoch die Spanier im Pazifik immer noch erhebliche Ansprüche geltend machten – sie betrachteten ihn, um es anders auszudrücken, als ihr Privateigentum –, war man mit Recht der Meinung, diese beiden Schiffsnamen würden bei den Spaniern unangenehme Erinnerungen an ihre großen Gegenspieler vor nahezu zwei Jahrhunderten erwecken. Man taufte die Schiffe deshalb auf die Namen *Resolution* und *Adventure* um.

Cooks Kapitänleutnant war ein gewisser Oberleutnant Cooper – ein Bekannter von Cooks altem Mentor Palliser –, und außerdem befanden sich noch Oberleutnant Pickersgrill und Clerke an Bord, die beide schon mit ihm auf der *Endeavour* und mit Wallis auf der *Dolphin* gesegelt waren. Sie standen nun vor ihrer dritten Weltumseglung, und ihre Erfahrungen konnten gewiß sehr nützlich sein. Die *Adventure* wurde von Tobias Furneaux befehligt, einem sehr erfahrenen Offizier, der schon mit Wallis die Welt umfahren hatte. Seine dienstältesten Leutnants zur See hießen Shank und Kempe.

Man schlug vor, daß Banks und weitere Wissenschaftler mit ihren Dienern auch an der neuen Expedition teilnehmen sollten. Nach unterschiedlichen Behauptungen stammte dieser Vorschlag vom Earl of Sandwich (damals Erster Lord), von der *Royal Society* oder aber von Banks selbst. Welche Behauptung nun zutrifft, spielt wohl kaum eine Rolle. Aufgrund seines Vermögens und seiner weitreichenden Beziehungen zum Establishment jener Tage war Banks ein außerordentlich einflußreicher junger Mann und wurde als Mitreisender akzeptiert.

Tobias Furneaux, Kapitän der *Adventure*. Furneaux kam aus Devon und war als Zweiter Leutnant mit Wallis auf der *Dolphin* gefahren

Leider schien die anhaltende Bewunderung der besten Londoner Gesellschaft Banks' Urteilsvermögen ziemlich getrübt zu haben. Von Anfang an war er der Meinung, Cook würde kaum mehr als sein Chauffeur sein und er, Banks, würde die Fahrt leiten und so-

Ölgemälde von Webber; es zeigt Cooks Männer bei der Jagd auf Seelöwen
in der Arktis

Aquarell der *Resolution* von Henry Roberts, Leutnant zur See

wohl die Ziele als auch die Aufenthaltsdauer an den einzelnen Orten
bestimmen. Außerdem wollte er eine nicht weniger als fünfzehn-
köpfige Gesellschaft mitnehmen, darunter ein paar Hornbläser zu
seiner Erbauung. Als er schließlich die Resolution erblickte, hielt
er sie für völlig ungeeignet, einen Gentleman wie ihn an Bord zu
beherbergen. Er besaß die Frechheit vorzuschlagen, man möge ein
größeres Schiff bereitstellen, ein Vorschlag, den die Admiralität
verständlicherweise ablehnte. Dann schlug er vor, die große Kabine
der Resolution solle vergrößert werden und über das Deck solle
man ein falsches Achterdeck ziehen, um genügend Platz für ihn,
seine Begleitung und ihre umfangreiche wissenschaftliche Ausrüstung zu schaffen. Es ist erstaunlich, daß sich die Admiralität damit
einverstanden erklärte.

Während diese Änderungen vorgenommen wurden, hatte Cook
außer der Überwachung sämtlicher Vorbereitungen für die Expedition und der Anwerbung der Besatzungsmitglieder für die Fahrt
noch seine privaten Sorgen. Es wurde gerade eine offizielle Fassung
seiner Tagebücher von der Reise mit der Endeavour vorbereitet,
doch hatte man diese Aufgabe nicht Cook übertragen. Als einfa-
cher, ungehobelter Seemann, so dachte man, sei Cook einem derart
schwierigen Auftrag nicht gewachsen. Deshalb brachte man einen
Dr. John Hawkesworth, der mit Dr. Johnson befreundet war, ins
Spiel, der die notwendige Politur vornehmen sollte. Es ist allerdings
auch möglich, daß er sich den Auftrag selbst ergatterte, und in
dem Fall hat es sich jedenfalls gelohnt – in Anbetracht des Honorars
von 6000 Pfund, was damals ein kleines Vermögen war.

Hawkesworth war ein pedantischer Dummkopf mit einer recht
eigenwilligen Phantasie, und als Resultat seiner Bemühungen kam
schließlich ein Zerrbild dessen zustande, was Cook geschrieben
hatte. Zugegeben, Cook wurde oft und ausgiebig zu Rate gezogen,
aber Hawkesworth achtete im Grunde gar nicht auf das, was er
sagte. Er redigierte die Tagebücher, wie er es für richtig hielt, ging
über Cooks Proteste einfach hinweg und gab ihm keinerlei Gelegenheit, das Werk vor der Veröffentlichung durchzusehen oder

zu redigieren. Zum Glück war Cook bereits auf See, als das Buch
erschien. In diesem Zusammenhang muß man erwähnen, daß ein
gewisser Dr. Beaglehole vor mehreren Jahren eine unveränderte
Fassung der Cookschen Tagebücher herausbrachte. Dieses Buch
ist so unvergleichlich viel besser als die erste Ausgabe, daß sich
außer einem Historiker wohl kaum jemand wieder die Mühe machen wird, das Buch von Hawkesworth zu lesen.

Zur gleichen Zeit hatte Cook Sorgen mit der *Royal Society,* deren
Mitglieder über die Ergebnisse der Beobachtung des Durchgangs
der Venus enttäuscht waren. Die Kritik richtete sich zwar vorwiegend gegen Green, doch weil Green nun tot war, fühlte Cook sich
verpflichtet, ihn zu verteidigen, was er mit soviel Eifer und Bitter-
keit tat, daß seine Antwort aus der offiziellen Fassung seiner Tagebücher gestrichen werden mußte.

Inzwischen hatte man die Umbauten auf der *Resolution* beendet.
Die *Resolution* war jetzt so stark toplastig, daß sie Gefahr lief,
schon bei relativ ruhiger See zu kentern. Ihr Themselotse weigerte
sich, alle Segel zu setzen, da sie sonst umschlagen würde, und sagte,
er wolle verdammt sein, wenn er sie weiter als bis zum Nore bug-
sierte. Oberleutnant Clerke schrieb: »Bei Gott, wenn es sein muß,
werde ich mit einem Grogfaß oder mit der *Resolution* in See ste-
chen, sobald man will. Ich muß aber sagen, daß ich sie für das
unsicherste Schiff halte, das ich je sah oder von dem ich jemals
hörte.«

Die Admiralität schloß sich dieser Meinung an, sie beorderte
das Schiff zurück ins Dock und ließ sämtliche Aufbauten wieder
entfernen. Es ist überliefert, daß Banks, als er dies sah »auf dem
Kai wie ein Verrückter fluchte und mit den Füßen stampfte« und
seine gesamte Ausrüstung ausladen ließ. Empört wandte er sich
erneut an die Admiralität und forderte, man möge umgehend ein
größeres Schiff bereitstellen. Die Admiralität hatte jetzt aber genug
von seiner Aufdringlichkeit und seinem offensichtlichen Größen-
wahn. Sie wies ihn darauf hin, daß man diese Expedition nicht
für ihn allein veranstaltete, und setzte hinzu, wenn er sich einbil-

John Reinhold Forster (einen Vogel haltend) und sein Sohn George. Forster senior war bei den übrigen Teilnehmern der Expedition nicht beliebt, aber er war ein fähiger Wissenschaftler, der zahlreiche Entdeckungen in der Pflanzen- und Tierwelt der pazifischen Inseln machte

dete, er wäre der Leiter dieses Unternehmens, unterliege er einem schweren Irrtum. Hals über Kopf reiste Banks zu einer privaten Expedition nach Island ab. Es ist jedoch interessant, daß die

Freundschaft zwischen ihm und Cook dadurch nicht getrübt wurde. Als Cook von seiner zweiten Fahrt zurückkehrte, wurde er von niemandem herzlicher und begeisterter begrüßt als von Banks.

Viele Wissenschaftler und Künstler waren mit Banks abgereist und es mußte Ersatz gefunden werden. Die neue Gruppe von Wissenschaftlern stand unter der Leitung eines bekannten deutschen Naturforschers schottischer Abstammung, John Reinhold Forster, eines streitsüchtigen und kleinlichen Mannes, der sich, kaum daß er an Bord gekommen war, schon über alles mögliche beschwerte. Aber er war ein ausgezeichneter Fachmann, daran bestand kein Zweifel. Mit ihm kam sein Sohn George an Bord, der wesentlich sympathischer war und als naturwissenschaftlicher Zeichner mitfuhr. Außerdem engagierte man den Landschaftsmaler William Hodges, der sehr viel Erfolg haben sollte, und den Astronomen William Wales vom *Board of Longitude,* der zusammen mit Cook die Brauchbarkeit eines neuen Chronometertyps zur Längenbestimmung auf See prüfen sollte. William Bayly, ein weiterer Astronom, segelte auf der *Adventure* mit.

Am 13. Juli, ein Jahr und einen Tag nach der Heimkehr Cooks mit der *Endeavour,* stachen die *Resolution* und *Adventure* in Plymouth in See.

Die Fahrt südwärts nach Kapstadt verlief ziemlich ereignislos. Cook verlor einen Mann, der über Bord ging, während Furneaux ein paar Leutnants zur See verlor, die sich bei einem Aufenthalt auf den Kapverdischen Inseln eine fiebrige Erkrankung zugezogen hatten. In Madeira war man vor Anker gegangen, um frische Früchte und Gemüse und natürlich große Vorräte des bekannten Weins zu laden.

Kapstadt wurde am 30. Oktober erreicht. Zu Cooks Kummer waren die rechtzeitig bestellten Vorräte noch nicht gekommen, und er mußte über einen Monat warten, bevor er weitersegeln konnte. Während er vor Kapstadt lag, erfuhr er Neuigkeiten über die Aktivität französischer Schiffe im Indischen und Pazifischen Ozean. Zwei von Mauritius kommende Schiffe hatten Land entdeckt. Angeblich lag es im Süden von Mauritius – was nicht zutraf –, und zwar am 48. Grad südlicher Breite, was stimmte. Zwei andere französische Segler waren unter dem Befehl eines gewissen Marion du Fresne im März des Jahres 1772 in Neuseeland eingetroffen. Im Juni wurde ihr Führer in der Bucht des Überflusses von Maoris

Die *Yerbua capensis*, ein Tier der Kapgegend, heute Springhase genannt *(Pedetes cafer)*. Gemalt von George Forster

umgebracht, und die Franzosen segelten wieder heimwärts, nicht
ohne die Insel auf den Namen Austral-France zu taufen und sie
im Namen des Königs von Frankreich in Besitz zu nehmen. Sie
ahnten nicht, daß Cook sie schon rund zwei Jahre zuvor im Namen
des englischen Königs annektiert hatte. Doch im Gegensatz zu
Cook umsegelten und kartographierten sie die Insel nicht.

In Kapstadt lernten die Forsters einen angesehenen schwedischen
Botaniker kennen, einen ehemaligen Schüler von Linné namens
Anders Sparrman. Sie baten Cook um die Erlaubnis, ihn mitzuneh-
men. Cook stimmte zu. Es spricht dafür, daß man sich in jenen
Tagen recht sorglos auf eine Reise um die Welt begab, wenn ein
Mann, der eifrig in Kapstadt botanisierte, mehr oder weniger beiläufig an Bord eines Schiffes ging, obwohl man ihn davor gewarnt
hatte, daß er mindestens zwei Jahre lang nicht mehr mit der Zivilisation in Berührung kommen würde.

Sogenannte »Kapkatze« *(Felis capensis)*, heute Serval oder großgefleckter
Serval genannt. Gemalt von George Forster

Die beiden Schiffe nahmen reichlich Proviant auf – zur Fracht
gehörten auch zahlreiche lebende Tiere, die auf den verschiedenen
pazifischen Inseln ausgesetzt werden sollten – und hievten am
22. November ihre Anker. Cook hatte zunächst die Absicht, eine
Insel zu suchen, die den eigenartigen Namen Kap der Beschneidung

Chronometer, das von Larcum Kendall 1769 hergestellt wurde. Cook hielt
es für sehr zuverlässig und benutzte es während seiner zweiten Reise zur
Festlegung der Längengrade

trug – in der Annahme, es könnte sich um ein Vorgebirge des sagenhaften Südkontinents handeln. Sie lag angeblich rund 2700 Kilometer südlich vom Kap der Guten Hoffnung und war von einem Kapitän Bouvet gesichtet worden, der als zuverlässiger Beobachter bekannt war. Und es war gut möglich, daß zwischen ihr und den in neuerer Zeit entdeckten Kerguelen-Inseln, die ungefähr auf gleicher Breite, aber erheblich weiter östlich lagen, irgendein Zusammenhang bestand – vielleicht gehörten beide zum Südkontinent.

Cook fand das Kap der Beschneidung nie, und das ist kaum verwunderlich. Es existiert tatsächlich – und heißt heute Bouvet-Insel –, aber es ist das winzigste Fleckchen Land, das man sich in der Unendlichkeit des Südatlantiks nur vorstellen kann. Zwei oder drei Wochen lang durchsegelte Cook das Gebiet bei schlechtem Wetter und steifen Gegenböen kreuz und quer auf der Suche nach dieser Insel und kam schließlich zu dem Schluß, daß es sie überhaupt nicht gab. Vermutlich waren alle Navigationsbestimmungen, die man Cook über sie gegeben hatte, völlig falsch, denn mit Hilfe des neuen und außergewöhnlich genauen Kendall-Chronometers, den er bei sich hatte, hätte Cook sonst auch das kleinste Inselchen im Atlantik mit fast hundertprozentiger Sicherheit auffinden können. Cook bereute es jedoch nicht, seine Zeit in diesen Breiten vergeudet zu haben, denn zumindest hatte er bewiesen, daß es hier keine Spur der sogenannten *Terra australis incognita* gab.

Obgleich man in diesen Breiten kurz vor dem Hochsommer stand, herrschte strenge Kälte, und die Männer trugen wieder ihre dicken wollenen Schutzjacken, die Tiere erfroren, und ungefähr Mitte Dezember tauchte der erste Eisberg auf. Cook beschloß, noch einen Versuch zu machen, um diese unauffindbare Insel zu entdekken, und die Suche dann aufzugeben.

Am ersten Weihnachtstag war es kalt, doch sonst waren die Wetterbedingungen gut. Wie Cook schrieb, waren die Besatzungsmitglieder »geneigt, den Tag auf ihre Weise zu feiern, und hatten deshalb seit einiger Zeit Schnaps gehortet, und ich erhöhte ihre Ration auch ein wenig . . . Überall auf dem Schiff herrschten Frohsinn und Heiterkeit.« John Forsters Kommentar lautete: »Wilder Tumult und Trunkenheit.«

Anfang Januar hatte Cook alle Hoffnung aufgegeben, die Bouvet-Insel zu finden, und ging mit den Schiffen zuerst auf südöstlichen und dann auf südlichen Kurs, um antarktische Regionen zu erreichen und den ersten echten Vorstoß in das Gebiet zu machen, wo Dalrymples unbekannter Kontinent vermutet wurde. Sie waren umgeben von Eisbergen, seltsamen schwimmenden Inseln, die höher waren als die Masten der Schiffe und in den schönsten Pastellfarben schimmerten, meist in Blau- und Grüntönen, einige aber auch in zartem Rosa und Violett. Manche dieser Eisberge waren ziemlich klein und kaum länger als die Schiffe; andere hatten einen Durchmesser von mehr als drei Kilometern. Wenn die Sicht nicht durch Schnee oder Nebel beeinträchtigt wurde, bildeten die Eisberge keine echte Gefahr, da um diese Jahreszeit in jenen Breiten vierundzwanzig Stunden lang Tageslicht herrscht – keine echte Gefahr wenigstens, solange die Schiffe nicht zu nahe an sie heransegelten. Je weiter die Eisberge nach Norden trieben, desto stärker wurden die unter Wasser liegenden Teile von dem relativ warmen Wasser weggetaut, und oft verlor ein Eisberg wegen dieser Unterwasser-Erosion plötzlich das Gleichgewicht und kippte auf die Seite. Ein Kapitän, der seinen Ruf wahren wollte, zeigte sich nicht auf Deck, wenn so etwas passierte.

Der Mangel an Trinkwasser wurde allmählich zum Problem. Die einfachste Lösung bestand darin, Eisstücke zu schmelzen. Sobald man ein Treibeisfeld traf, ließ man die Boote zu Wasser und brachte Eisbrocken an Bord – Cook berichtet, daß einmal nicht weniger als sechzehn Tonnen Eis aufs Schiff geholt wurden. Nach dem Schmelzen zeigte sich, daß dieses Eiswasser keinerlei Salz enthielt und sich offensichtlich auch in anderer Hinsicht von normalem Wasser unterschied, da jeder, der es trank, von Schwellungen der Rachendrüsen heimgesucht wurde. Förster war der Ansicht, das sei darauf zurückzuführen, daß die Eisstücke keine Spuren von freiem Sauerstoff aufwiesen, wie normales Wasser sie enthält, und wahrscheinlich hatte er damit recht.

Am 17. Januar 1773 überquerten die Schiffe den südlichen Polarkreis, was nach allen Überlieferungen noch keinem anderen Seefahrer gelungen war. Bereits am nächsten Tag begegneten sie dem ersten Packeisfeld; im Gegensatz zum Eis der Eisberge, das von Festlandgletschern stammt, bildet sich das Packeis auf dem Meer selbst. Die Eisfelder erstreckten sich bald bis zum Horizont, so daß man nicht weitersegeln konnte. Cook drehte wieder auf Nordkurs, er war mit den Ergebnissen einigermaßen zufrieden: Wenn Dalrymples Südkontinent tatsächlich existieren sollte, konnte er sich auf jeden Fall in der Größe kaum mit einem der anderen Erdteile messen.

Anfang Februar kreuzten *Resolution* und *Adventure* im relativ milden Klima und warmen Wasser des 48. Breitengrades und suchten nach den Kerguelen-Inseln. Diese außerordentlich intensive Suche verlief erfolglos, was heute, im Rückblick, nicht verwunderlich ist, da Cook die Inseln an einer ganz falschen Stelle suchte. Man hatte ihm die richtige Breite angegeben – den 48. Grad südlich –, doch die Längenangaben waren völlig unzutreffend. Die Kerguelen-Inseln sollten südlich von Mauritius liegen, hatte man Cook berichtet, und er wußte, daß Mauritius genau bei 57 Grad 30 Minuten östlicher Länge lag. Die Kerguelen-Inseln liegen aber in Wirklichkeit auf dem 70. Grad östlicher Länge, so daß Cook in westlicher Richtung Hunderte von Kilometern von dieser richtigen Position entfernt suchte.

Die Wetterbedingungen waren inzwischen extrem ungünstig geworden. Heftige Südwest-Böen folgten in kurzen Abständen aufeinander, und die beiden Whitby-Schiffe wurden von den Sturzseen sehr mitgenommen. In den äußerst seltenen Pausen zwischen den Stürmen trat dichter Nebel auf, und in einem solchen Nebel verloren *Resolution* und *Adventure* am 8. Februar den Kontakt miteinander. Wie es vorher vereinbart worden war, kreuzte die *Resolution* noch drei Tage lang in dieser Gegend, feuerte am Tag stündlich die Signalkanone ab und gab nachts Lichtzeichen. Doch man fand die *Adventure* nicht wieder. Cook ließ sich nicht aus der Ruhe bringen. Er hatte von vornherein damit gerechnet, daß so etwas eintreten könnte, und deshalb Vorbereitungen für ein Rendezvous im Königin-Charlotte-Sund in Neuseeland getroffen. Er zweifelte nicht daran, daß die *Adventure* den Weg dorthin finden würde – Tobias Furneaux war ein ausgezeichneter Seemann und Navigator.

Es hätte nahegelegen, daß Cook bei diesem unglaublich schlechten Wetter sich den Südwestwinden anvertraut und geradewegs Kurs auf die Cook-Straße in Neuseeland genommen hätte. Doch wenn Cook auf Entdeckungsfahrt war, suchte er nicht den leichten und naheliegenden Weg. Er ließ die *Resolution* auf Südostkurs gehen und nahm wieder Richtung auf polare Gewässer. Das Wetter besserte sich nicht im geringsten, und Cook wagte es deshalb nicht, mit seinem Schiff so weit südlich zu segeln wie am 17. Januar. (Sonst hätte er vielleicht die Antarktis entdeckt, denn in diesem Gebiet liegt Wilkes Land teilweise nördlich vom Polarkreis).

Statt dessen kreuzte Cook – wenn man diesen Begriff noch bei derartigen Wetterbedingungen anwenden kann – rund drei Wochen nach Osten, wobei er sich ungefähr an den 60. Breitengrad hielt, einmal sogar den 62. Breitengrad erreichte und damit nur noch knapp dreihundert Meilen von Wilkes Land entfernt war. (Am 17. Januar war er noch viel näher an die Antarktis herangekommen.) In dieser Zeit kam keinerlei Land, noch nicht einmal die unbedeutendste Insel, in Sicht – nur die unendliche Einöde eisbedeckten, sturmgepeitschten Wassers. Erst am 17. März segelte Cook wieder nach Nordosten, in Richtung Neuseeland. Er war durchaus zufrieden. Sicher, er hatte nichts entdeckt, aber er hatte etwas bewiesen: Wo immer der – große Südkontinent – so groß konnte er allerdings gar nicht mehr sein – auch liegen mochte, er lag ganz bestimmt nicht in den südlichen Breiten zwischen Südafrika und Neuseeland. Cook hatte also den Beweis erbracht, daß die *Terra australis incognita* nicht im Indischen Ozean lag. Jetzt mußte er noch feststellen, ob sie im südlichen Pazifik oder im südlichen Atlantik lag. Um die epochale Bedeutung der Leistung Cooks würdigen zu können, sollte man sich ständig daran erinnern, daß vor ihm noch niemand die südlichen Gewässer des Indischen Ozeans oder des Pazifiks oder des Atlantiks erforscht hatte. Cook aber erforschte auf dieser einen erstaunlichen Reise alle drei Meere, obwohl er außerdem zwei Abstecher durch den mittleren Pazifik unternahm – der erste und kleinere der Bögen, die er dabei beschrieb, war immer noch so groß, daß er mit Leichtigkeit einen Kontinent von der Größe Australiens hätte umspannen können. Die Reichweite des zweiten Bogens, der ihn von den tiefsten antarktischen Gewässern bis fast zum Äquator und viele Tausende von Kilometern von Neuseeland bis östlich der Osterinsel bringen sollte, ist geradezu unglaublich. Es handelt sich ganz gewiß um die größte Entdeckerfahrt dieser Art, die man jemals im Pazifischen Ozean unternahm.

Ursprünglich hatte Cook die Absicht gehabt, direkt zur Cook-Straße zu segeln und sich mit Furneaux im Königin-Charlotte-Sund zu treffen, doch dann nahm er zunächst Kurs auf den ersten sicheren Ankerplatz, der sich bot – Dusky Sound am Südwestzipfel der Südinsel Neuseelands – und den er bereits auf seiner ersten Umseglung der Insel gesichtet hatte. Angeblich wollte er die natürlichen Hilfsquellen des Gebietes erforschen und sich Klarheit über die Hafenmöglichkeiten im Sund verschaffen. Doch sicher wollte er in Wirklichkeit nur seiner Besatzung Gelegenheit geben, sich auszuruhen und zu erholen. Hinter den Männern lag eine Fahrt von 117 Tagen – das sind fast vier Monate –, ohne daß sie ein einziges Mal Land gesichtet hatten, vier Monate mit eisiger Kälte und schweren Sturzseen. John Forster neigte zwar dazu, sich auch unter den besten Bedingungen zu beklagen, aber er hatte wohl recht, als er die Reise als eine Reihe schlimmster Strapazen beschrieb, wie er sie noch nie zuvor in seinem Leben durchgemacht hätte.

Sechs Wochen später war die Besatzung wieder fit und ausgeruht, und Cook segelte nordwärts zu seinem Rendezvous mit Furneaux,

Die Mannschaft der *Resolution*, während sie Eis für Trinkwasser sammelt.
Stich nach einer Zeichnung von William Hodges, aus dem Jahr 1773

den er gesund und munter in den wunderschönen und friedlichen Gewässern des Königin-Charlotte-Sund vorfand. Er hatte die gesamte Takelage der *Adventure* in der angenehmen Erwartung eines erfreulichen Winters in dieser idyllischen Umgebung bereits entfernt. Mit Hilfe günstiger und sehr kräftiger Winde hatte Furneaux, seit er den Kontakt mit Cook verloren hatte, außerordentlich schnelle Fahrt bis Tasmanien gemacht – er hatte eine Entfernung von rund fünftausend Kilometern in sechsundzwanzig Tagen zurückgelegt. Er war der Ostküste Tasmaniens nordwärts gefolgt, um ein für allemal festzustellen, ob es zwischen Tasmanien und Australien eine Passage gab. Aus völlig unverständlichen Gründen waren er und seine Offiziere zu dem Schluß gekommen, eine solche Straße gäbe es nicht, sondern nur eine außerordentlich große Bucht. Cook akzeptierte diese Meinung und segelte nie dorthin, um die Sache nachzuprüfen: Er sah einfach keinen Grund dafür.

Furneaux paßte es sicher ganz und gar nicht, daß Cook ihm befahl, die *Adventure* unverzüglich wieder aufzutakeln. Cook dachte nicht daran, den Winter im Königin-Charlotte-Sund zu verbringen. Sie waren hergekommen, um das Gebiet zu erforschen, und das wollten sie jetzt auch tun, sei es nur, um zu beweisen, daß man trotz des nahen Winters noch etwas unternehmen konnte. Das Gebiet, das Cook erforschen wollte, lag im Osten und Norden Neuseelands, ein für den Entdecker noch weitgehend jungfräuliches Territorium.

Resolution und *Adventure* verließen den Königin-Charlotte-Sund am 7. Juni, passierten die Cook-Straße und segelten einige Wochen mehr oder weniger östlich, ohne etwas Neues zu finden. Dann gingen sie stärker auf Nordkurs und hofften, die Pitcairn-Insel zu finden, die Carteret 1767 entdeckt hatte. Aber Cook mußte seinen Plan ändern, als er am 29. Juli von Furneaux – der zu jener Zeit gerade an der Gicht litt – hörte, daß an Bord der *Adventure* ein Mann gestorben und zwanzig weitere schwer erkrankt waren. Cook ging sofort an Bord des anderen Schiffes und stellte fest, daß sich auch viele andere Besatzungsmitglieder in sehr schlechtem

Gesundheitszustand befanden. Die Ursache war in allen Fällen dieselbe – Skorbut. Furneaux hatte sich nicht die Mühe gemacht, durchzusetzen, daß seine Besatzung die von Cook vorgeschriebene Antiskorbut-Nahrung zu sich nahm. An Bord der *Resolution* war zu dieser Zeit kein einziger kranker Mann.

Cook ließ alle weiteren Pläne für den Augenblick fallen und nahm Kurs auf Tahiti. Das Wohlergehen der Kranken auf der *Adventure* war ihm wichtiger als die Entdeckung neuer Inseln, und es war unbedingt erforderlich, die Männer möglichst schnell an einen sicheren und geschützten Hafen zu bringen. Die nächste Zufluchtsstätte, die Cook in diesem Teil des Pazifiks kannte, war Tahiti.

Etwas mehr als vierzehn Tage später ging Cook zum zweitenmal in Tahiti an Land. Da er so schnell wie möglich frische Vorräte an Gemüse und Früchten beschaffen wollte, ankerte er zuerst in der südöstlich gelegenen Waitepiha-Bucht. Dabei kam es zu einem gefährlichen Zwischenfall. Während sie draußen vor dem Hafen lagen und den Tahitiern, die mit ihren Kanus gekommen waren, Früchte abkauften, drehte der Wind, und eine kräftige Strömung drückte die *Resolution* an die Küste und an ein Korallenriff. Trotz aller Bemühungen Cooks und seiner Leute schien es unvermeidlich, daß der Segler auf dem Riff auflief; doch im allerletzten Augenblick kam wie durch ein Wunder von Land Wind auf und befreite die *Resolution* vom Riff. Sparrman, der schwedische Botaniker, staunte darüber, wie ruhig und frei von jeglicher Panik Cook und seine Besatzung unter dem stärksten Druck geblieben waren; er sei jedoch, erklärte er, außerordentlich schockiert gewesen über Cooks Ausdrucksweise. In einem anderen Bericht wird behauptet, daß die Krise so schwer war, daß Cook anschließend so erschöpft war, daß er zum Brandy greifen mußte. Aber das ist ziemlich unwahrscheinlich.

Cook konnte in der Waitepiha-Bucht kein frisches Fleisch bekommen, so daß er mit der *Adventure* um die Insel segelte und den alten Ankerplatz der *Endeavour* in der Matavai-Bucht aufsuchte. Cook – und die fünfzehn Offiziere und Männer, die ihn bereits auf der *Endeavour* begleitet hatten – wurden stürmisch begrüßt. Alte Freundschaften wurden erneuert und neue Bekanntschaften so schnell angeknüpft, daß Forster sich schon bei der Schilderung der ersten Nacht in der Matavai-Bucht bitter beklagte: »Eine große Anzahl von Frauen der untersten Klasse sind von unseren Seeleuten dazu angestiftet worden, bei Sonnenuntergang an Bord zu bleiben«.

Auf dem Gelände des ehemaligen Fort Venus errichtete man Zelte für die Kranken der *Adventure*. Cook sorgte dafür, daß sie so viel Früchte und Gemüse bekamen, wie sie nur essen konnten, und diese Behandlung wirkte bemerkenswert schnell. Schon nach einem Monat konnte Cook feststellen, daß die Besatzung der *Adventure* wieder seetüchtig war. Sofort traf er Vorbereitungen für die Abreise, um nicht unnötigerweise noch mehr Zeit zu verlieren.

Außerdem wollte er die Fahrt aus zwei anderen wichtigen Gründen fortsetzen. Wie in Waitepiha, so gab es auch in Matavai kein frisches Fleisch. Die Wildschweine, die man beim erstenmal so zahlreich auf der Insel angetroffen hatte, waren inzwischen bis auf wenige Dutzend dezimiert worden. Aber wie man Cook erklärte, würde er auf Huahine und Raiatea, zwei Inseln, die er schon bei der ersten Reise kennengelernt hatte, so viel Fleisch bekommen, wie er nur brauchte. Zweitens machte ihm der Zeitfaktor zu schaffen. Er wollte eine Inselgruppe wiederfinden, die in der Mitte des vorangegangenen Jahrhunderts von Tasman entdeckt worden war – Tasman hatte den Inseln die Namen Amsterdam, Rotterdam und Middleburg gegeben –, und dann zum Königin-Charlotte-Sund zurücksegeln, um im November seine Fahrt durch die südlicheren Breiten antreten zu können.

Anfang September segelten die *Resolution* und die *Adventure* los, mit Wasser, Holz und so viel Früchten und Gemüse beladen, wie sie aufnehmen konnten. An Bord befanden sich auch zwei junge Männer, die als Dolmetscher dienen sollten – Odiddy aus Bora Bora fuhr auf der *Resolution* mit und Omai aus Raiatea auf der *Adventure*. Wieder einmal mußte Cook feststellen, daß die allge-

meine Freude bei der Ankunft auf Tahiti durch den Abschiedsschmerz beim Verlassen der Insel aufgewogen wurde. Wie damals
baten die Tahitier sie unter Tränen, nicht abzufahren; wie damals
war die Bucht bei der Abreise voll von Kanus, in denen sich die
wehklagenden Insulaner drängten.

Ihr erster Ankerplatz war Huahine. Cook hatte die Insel schon
vor drei Jahren besucht. Der Empfang war genauso herzlich wie
beim erstenmal. Doch wichtiger war die Tatsache, daß sie nicht
weniger als dreihundert Wildschweine bekommen konnten, so daß
alle Versorgungsprobleme mit Fleisch und Pökelfleisch nun für
lange Zeit gelöst waren. In Raiatea erhielt man weitere Vorräte,
so daß die Schiffe beim Verlassen der Gesellschafts-Inseln sogar
noch besser mit Proviant ausgestattet waren als bei der Abfahrt
aus England.

Cook ging auf einen leichten Südwestkurs. Am 24. September
sichteten sie zwei kleine Inseln, die Cook für zu unwichtig hielt,
um sie zu erforschen. Er taufte sie Hervey-Inseln und fuhr an ihnen
vorbei. (Sie gehören zu einer viel größeren Inselgruppe, die heute
als Cook-Inseln bekannt ist.) Am 1. Oktober erreichten sie die erste
der drei von Tasman entdeckten Inseln, Middleburg – dieser Name
wurde inzwischen durch die ursprüngliche Bezeichnung Eua ersetzt.

Cook und seine Leute waren die ersten Weißen, die die Einwohner von Eua jemals zu Gesicht bekommen hatten. Doch die Eingeborenen nahmen sie so herzlich auf, als handelte es sich um seit
langem verloren geglaubte Verwandte. Ihre Gastfreundschaft und
Liebenswürdigkeit waren einfach überwältigend. Noch nicht ein-
mal in seinem geliebten Tahiti hatte Cook einen so freundlichen
Empfang erlebt. Man veranstaltete Feste und Essen für die Fremden
und führte sie überall auf der Insel herum. Wie Cook in seinem
Tagebuch notierte, hatten die Inselbewohner eine höhere Stufe der
Zivilisation erreicht als irgendein anderes Volk des Pazifischen
Ozeans. Auf einer wunderschönen Insel lebte ein wunderschönes
Volk, wie ein Besatzungsmitglied schrieb. Das Land wurde intensiv

Odiddy von der Insel Bora Bora, der mit Cook als Dolmetscher zu den
pazifischen Inseln fuhr. Kreidezeichnung von William Hodges

bewirtschaftet und war durch Fußpfade in saubere Rechtecke geteilt. Sie besaßen die schönsten Häuser, die Cook im ganzen Pazifik gesehen hatte, und die Fußböden waren mit sorgfältig geflochtenen Binsenmatten ausgelegt. Dieses saubere, gesunde, glückliche und fleißige Volk war beim Tauschhandel großzügig bis zur Selbstübervorteilung – Cook schrieb, das Geben sei ihnen lieber als das Nehmen, eine Beobachtung, die er nicht ein einziges Mal bei anderen Inselbewohnern des Pazifiks hatte machen können. Sie waren, schrieb der Astronom Wales, die lebhaftesten, fröhlichsten Geschöpfe, die er je gesehen hatte. Und Cook notierte höchst erstaunt, daß beim gemeinsamen Essen der Männer und Frauen – das war in Tahiti verboten – die Männer sogar so ritterlich waren, die Frauen zuerst zu bedienen.

Von dort aus segelten sie zu einer viel größeren Insel, vor der Tasman ebenfalls vor Anker gegangen war und die er Amsterdam getauft hatte – inzwischen hat sie wieder ihren ursprünglichen Namen Tongatabu angenommen. Hier wurde ihnen der gleiche außergewöhnlich herzliche Empfang zuteil wie in Eua. Auch hier konnten sie zu sehr günstigen Bedingungen Tauschhandel treiben, und wie in Eua sahen sie auch hier keinen einzigen Menschen, der eine Waffe trug. Sparrman allerdings, der den gleichen kleinlichen und zänkischen Charakter zu besitzen schien wie sein Freund Forster, erkundigte sich mißtrauisch, weshalb er denn überall so viele Festungsanlagen sähe, wenn es sich doch um ein so besonders friedliebendes Volk handelte. Offensichtlich kam es ihm niemals in den Sinn, daß diese Festungsanlagen nur zur Verteidigung gegen Überfälle von anderen Inseln dienen könnten. Wegen ihrer fortgeschrittenen und intensivierten Anbaumethoden waren die Insulaner von Eua und Tongatabu vergleichsweise vermögende Leute und mußten den ärmeren Stämmen der Nachbarinseln als lohnendes Ziel für Beutezüge erscheinen.

Als die beiden Schiffe am 8. Oktober absegelten, waren ihre Vorratskammern voll von Früchten und Gemüse, und sie nahmen auch dreihundert Hühner und ungefähr halb soviel lebende Schweine mit. Die Geräuschkulisse auf den Schiffen muß stark an die auf einem Bauernhof erinnert haben.

Wegen der überaus herzlichen Gastfreundschaft, die sie genossen hatten, gab Cook den Inseln den Namen Freundschafts-Inseln, doch obgleich dieser Name noch heute recht gebräuchlich ist, sind sie besser – und offiziell – unter der Bezeichnung Tonga-Inseln bekannt.

Zwei Wochen später lagen die beiden Segler vor der Hawkes-Bucht an der Ostküste der neuseeländischen Nordinsel und wurden schwer von südlichen und südwestlichen Sturmböen heimgesucht, die es ihnen fast unmöglich machten, sich weiter nach Süden zur Cook-Straße vorzukämpfen. Schließlich entwickelten sich die Böen zu einem so heftigen Sturm, daß die *Adventure,* eine noch schlechtere Seglerin als die *Resolution,* auf See hinausgetrieben wurde und Cook in der Nacht des 29. Oktobers den Kontakt mit ihr verlor. Cook schaffte es, um Kap Palliser, den Südostzipfel der Nordinsel, herumzusegeln und die Cook-Straße zu erreichen, als der Wind zu seinem Kummer nach Nordwest drehte und ihm unmittelbar durch die Passage entgegenheulte, so daß an eine Einfahrt nicht zu denken war. Cook wurde an der Ostküste der Südinsel nach Südosten und dann nach Süden gedrängt, und zwar so weit, daß er schon allen Ernstes erwog, hier einen Ankerplatz zu suchen, statt zum Königin-Charlotte-Sund zu segeln. Aber leider hatte er keine Wahl – er wollte sich dort mit Furneaux treffen, so daß er sich gegen starke Winde nordwärts vorankämpfen mußte, bis er in einem natürlichen Hafen der Cook-Straße, kurz hinter der Palliser-Bucht am Südzipfel der Nordinsel, Zuflucht suchen konnte. Auf seiner Suche nach dem Schutz vor dem Sturm stolperte er jetzt geradezu über den großartigen Hafen von Port Nicholson, wo heute die neuseeländische Hauptstadt Wellington liegt. Das wäre ihm gewiß ein Trost gewesen für jenen Tag im Mai vor dreieinhalb Jahren, als er am Hafen von Sydney vorbeigesegelt war, ohne es zu wissen und ohne ihm einen Blick zu gönnen.

Der Sturm flaute ab, und am nächsten Tag segelte die *Resolution* in den Königin-Charlotte-Sund. Von der *Adventure* war nichts zu sehen, und Cook rechnete in der nächsten Zeit auch noch nicht mit ihrer Ankunft. Ungefähr drei Wochen warteten sie im Sund, und während dieser Zeit erfuhren sie eine zwar interessante, aber höchst unerfreuliche Tatsache. Die hier lebenden Maoris, zu denen Cook und seine Leute freundschaftliche Beziehungen unterhielten, waren zweifellos Menschenfresser. Als die Engländer angekommen waren, kehrte eine Gruppe von Kriegern von einem Überfall auf Feinde an der nahen Admiralitäts-Bucht zurück und brachten einen toten Gegner mit, den man vor den entsetzten Augenzeugen auf

Bild eines Wasserfalls an der neuseeländischen Küste. Von William Hodges

der *Resolution* zubereitete, kochte und mit großem Behagen ver-
zehrte.

Nach Ablauf dieser drei Wochen beschloß Cook, nicht länger
zu warten. Um überhaupt in die polaren Gewässer vorstoßen zu
können, konnte er nur im Hochsommer fahren, und wenn er die
Abfahrt noch länger hinauszögerte, wäre es zu spät. Also hinterließ
er Furneaux eine Flaschenbotschaft, in der er ihm mitteilte, daß
er nach der Rückkehr aus dem Polargebiet wahrscheinlich zur
Oster-Insel und dann nach Tahiti segeln würde. Er überlasse es
Furneaux, ob dieser nach England zurückfahren oder versuchen
wolle, ihn irgendwo im Pazifik wiederzutreffen. Im Hinblick auf
die Unermeßlichkeit des Pazifischen Ozeans war das wirklich ein
außerordentlich optimistischer Vorschlag, zumal weder ein be-
stimmter Termin noch ein Treffpunkt ausgemacht worden war.

Da Furneaux in Cooks Geschichte weiterhin keine Rolle spielt,
wollen wir hier kurz berichten, was ihm zustieß. Nachdem er im
Sturm von der *Resolution* getrennt worden war, war er ziemlich
weit nach Norden und Osten aufs Meer hinausgetrieben worden
und brauchte mehrere Tage, um wieder zur Ostküste der Nordinsel
zurückzugelangen. Als er das geschafft hatte, ging er in der Tolaga-
Bucht – den ersten natürlichen Hafen, den Cook auf seiner ersten
Fahrt nach Neuseeland angelaufen war – vor Anker, um Holz und
Wasser zu laden, und segelte dann zum vereinbarten Rendezvous
nach Süden. Unglücklicherweise hinderten ihn widrige Winde
daran, die Cook-Straße vor dem 30. November zu erreichen – und
Cook hatte den Königin Charlotte Sund am 25. November verlassen: So knapp hatten die beiden Schiffe sich verfehlt.

Furneaux ankerte im Königin-Charlotte-Sund und ließ die *Adventure* während den nächsten zwei Wochen reparieren. Am
16. Dezember schickte er dann eine Bootsmannschaft von zwei Offizieren und acht Matrosen an Land – sie sollten so viel Gemüse und
Obst wie möglich beschaffen. Die Leute kamen nicht zurück. Eine
Suchexpedition, die am folgenden Tag aufbrach, entdeckte, daß alle
zehn von den Maoris umgebracht und verspeist worden waren.

Dieses Ereignis hatte ihn verständlicherweise tief deprimiert und Furneaux beschloß, nach England zurückzukehren. Er machte eine außerordentlich schnelle Fahrt zum Kap Horn – sie dauerte nur etwas über einen Monat – und legte dann einen Zwischenaufenthalt in Kapstadt ein, bevor er nach England weitersegelte.

Nach der Abfahrt aus dem Königin-Charlotte-Sund segelte Cook zunächst ungefähr zehn Tage nach Süden, ehe er nach Südosten drehte. Nachdem er eine Woche diesen Kurs gehalten hatte, begegnete man den ersten Eisbergen, und zwei oder drei Tage darauf erstreckten sie sich bereits von Horizont zu Horizont. Die Temperatur fiel unter den Gefrierpunkt, und die Heizmöglichkeiten auf der *Resolution* waren derart primitiv, daß es im Schiffsrumpf fast ebenso kalt war wie auf dem Oberdeck. Besonders der ältere Forster – zu dessen Verteidigung allerdings gesagt werden muß, daß er unter schwerem Rheumatismus litt – beklagte sich bitter über die Kälte in seiner Unterkunft, einer Kabine unmittelbar hinter dem Hauptmast, in die das Seewasser und der Polarwind offenbar ungehindert eindringen konnten. Forster war froh, als man dichte Nebelfelder erreichte, die, vor allem wegen der vielen Eisberge in der Nähe, Cook dazu zwangen, wieder nach Norden zu drehen.

Forsters Erleichterung war nicht von langer Dauer, denn eine Woche vor Weihnachten klarte das Wetter auf und Cook ging wieder auf südlichen Kurs. Am 21. Dezember kreuzte die *Resolution* den Südlichen Polarkreis – zweimal erst war diese Leistung vollbracht worden, und beide Male unter Cooks Kommando. Am ersten Feiertag fuhr man immer noch nach Süden, und aus seinem Tagebucheintrag unter diesem Datum geht hervor, daß der ältere Forster nicht wußte, was ihn nun mehr aufbrachte, die Strapazen in der antarktischen Einöde, die bei seinem Vergleich mit der Hölle sehr ungünstig abschneidet, oder die »Verwünschungen, Schwüre und Flüche«, die von allen Seiten auf ihn eindrangen, als die Besatzung der *Resolution* das Weihnachtsfest auf traditionelle Seemannsart feierte.

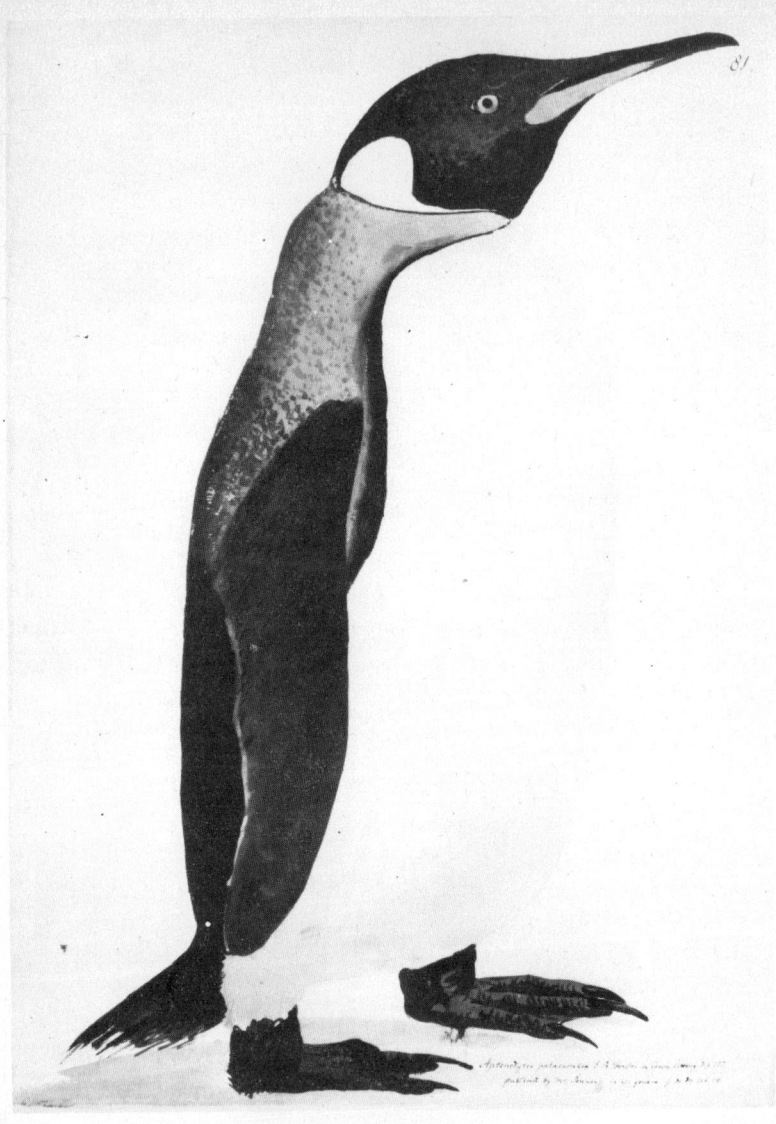

Ein Pinguin. Gezeichnet von George Forster

Doch sogar Cook hatte im Augenblick genug von dieser höllischen Fahrt. Er schrieb: »Unsere Taue waren wie Drähte, die Segel wie Bretter oder Metallplatten und die Flaschenzugrollen in den Befestigungen eingefroren, so daß es unserer äußersten Anstrengungen bedurfte, ein Topsegel nach oben oder nach unten zu bekommen. Die Kälte ist so schneidend, daß man sie kaum ertragen kann, das ganze Meer gleichmäßig mit Eis bedeckt, der Wind heftig und der Nebel dicht. In Anbetracht all dieser ungünstigen Umstände«, fügte er hinzu, »war es ganz natürlich, daß ich erwog, wieder auf Nordkurs zu gehen.« Er segelte also wieder nördlich in die wärmeren vierziger Breitengrade, wahrscheinlich gerade noch rechtzeitig, denn George Forster, der Sohn des älteren, griesgrämigen Forster, erklärte, sowohl Gesundheit als auch Moral an Bord hätten so ziemlich ihren Tiefpunkt erreicht. Sein Vater und mindestens ein Dutzend weitere Männer konnten sich wegen rheumatischer Leiden kaum noch rühren und nicht mehr arbeiten – was seinen Vater allerdings nicht daran hinderte, seinem Tagebuch Tag für Tag neue Klagen anzuvertrauen. Wenn man bedenkt, daß alle Innenräume der *Resolution* vor Feuchtigkeit trieften und voller Dampf und Kondensationsflüssigkeit waren, ist es erstaunlich, daß es nicht noch mehr Rheumafälle gab. Die Besatzung wirkte allgemein abgespannt und krank, berichtete der junge Forster weiter, und selbst Captain Cook, der vollkommen den Appetit verloren hatte, war blaß und abgemagert.

Vierzehn Tage lang fuhr Cook wieder nach Norden, doch sobald er überzeugt war, daß die Besatzung sich wieder erholt hatte, drehte Cook die *Resolution* zur ungläubigen Bestürzung und zum Entsetzen des älteren Forster abermals südwärts. Er war nicht der Mann, der eine Aufgabe leichten Herzens beiseiteschob, die er einmal in Angriff genommen hatte: Wenn es den Südkontinent gab, mußte er ihn finden. Seinen Offizieren und Männern erzählte er nicht, welches Ziel er ansteuerte, kannte er es doch im Grunde selbst nicht. Der verzweifelte Forster schrieb: »Nichts konnte entmutigender sein als die totale Ungewißheit bezüglich unseres zukünfti-

Steinmonumente auf der Osterinsel. Gemälde von William Hodges

gen Bestimmungsortes, der ohne ersichtlichen Grund vor jedermann auf dem Schiff geheimgehalten wurde.«

Zum drittenmal überquerte Cook mit der *Resolution* – einen
passenderen Namen hat bestimmt noch nie ein Schiff getragen –
den Polarkreis, wobei er sich durch Eisberge und Eisfelder langsam
vortasten mußte. Cook trotzte mit eiskalter Entschlossenheit der
Polarwüste, in der er sich nun befand. Trotz ihrer mit kräftigen
Maschinen ausgerüsteten und gut manövrierbaren Stahlschiffe
würden es heutzutage nur wenige Kapitäne wagen, dem nachzueifern, was Cook an jenem lange vergangenen Januartag des Jahres
1774 mit einem schwer manövrierbaren Kohlenschiff vollbrachte,
als er jeder Laune des Windes und der Strömung auf Gnade und
Ungnade ausgeliefert war, auf allen Seiten von gigantischen Eisbergen belagert wurde und kaum ein Segel trimmen konnte, von Setzen
und Einholen ganz zu schweigen, weil die vereisten Segel wie
Eisenplatten, die Taue wie riesige vereiste Trossen waren. Aber
Cook ließ sich selbst vom Polarkreis nicht abschrecken.

Er fuhr noch weitere vier Tage südwärts, und dann, am 30. Januar
1774, hielt er an. Ihm blieb gar nichts anderes übrig, denn er hatte
ein festes und undurchdringliches Packeisfeld erreicht, das von einem Ende des Horizonts zum anderen reichte. Die Breite betrug
71 Grad 10 Minuten südlich, die Länge 106 Grad 34 Minuten westlich. Das war der südlichste Punkt, den Cook erreicht hatte. Und
seit jenem Tag ist es keinem einzigen Schiff wieder gelungen, in
jenem Gebiet so weit nach Süden vorzustoßen – obwohl seitdem
fast zweihundert Jahre vergangen sind.

In seinem Reisetagebuch gibt Cook zu verstehen, es habe ihm
nicht leid getan, daß er der Entscheidung, noch weiter südlich vorzustoßen oder nicht, enthoben wurde. Dieser Satz des Tagebuches,
bestimmt die meistzitierte Passage, die Cook je zu Papier brachte,
ist für uns der beste, ja der einzige Anhaltspunkt über die Motive,
die Cook zu jener beispiellosen Serie von Forschungsreisen und
Entdeckungen trieben: »Ich, der ich den Ehrgeiz habe, nicht nur
weiter zu kommen als irgendein Mensch vor mir, sondern auch

so weit, wie es einem Menschen nur möglich ist, war nicht böse
darüber, von dieser Unterbrechung betroffen zu werden.«

Man darf wohl sagen, daß Cook tatsächlich beinahe die Antarktis
entdeckt hätte – das wäre ein wahrhaft krönender Triumph seiner
glänzenden Laufbahn gewesen! Die Stelle, an der er umkehrte, war
nur gut dreihundert Kilometer von dem nächsten Küstenstreifen
entfernt. Was man bisher noch kaum bemerkt hat, ist die Tatsache,
daß Cooks südlichste Position erheblich weiter südlich lag – in
einigen Fällen fast fünfhundert Kilometer – als ungefähr die Hälfte
der antarktischen Küste. Ungefähr zwischen dem 170. Grad östlicher Länge – der durch die Südinsel Neuseelands läuft – und dem
10. Grad westlicher Länge – der annähernd auf halbem Weg zwischen Kapstadt und der südamerikanischen Ostküste verläuft – beschreibt die Küste der Antarktis zwischen dem südlichen Polarkreis
und dem 70. Grad südlicher Breite annähernd einen Halbkreis in
den südlichen Breiten des Atlantischen Ozeans. Man wird sich
erinnern, daß Cook aber bereits eine Position erreicht hatte, die
weiter südlich lag als der 71. Breitengrad. Hätte sein größter Vorstoß in die polaren Gewässer in dem oben beschriebenen Gebiet
stattgefunden, so würde er, wenn das Packeis ihm nicht den Weg
versperrt hätte – die Küste der Antarktis erreicht haben. Cook unternahm seinen Vorstoß jedoch in den südlicheren Breiten des Pazifiks, wo die Küste der Antarktis viel weiter südlich, in manchen
Gebieten fast siebenhundert Meilen weiter südlich als im Atlantik
verläuft. Aber ob er nun die Antarktis entdeckte oder nicht – Cooks
Fahrt im Januar 1774 bleibt eine der großartigsten und kühnsten
Reisen, die je ein Mensch unternahm.

Als er nun zweifelsfrei bewiesen hatte, daß Dalrymples sagenum-
wobener Südkontinent weder im Indischen noch im Pazifischen
Ozean lag (es bestand immer noch die entfernte Möglichkeit, daß
es einen ziemlich kleinen Erdteil in den südlichen Breiten des Südatlantiks gab), ging Cook zur unsagbaren Erleichterung des älteren
Forster wieder auf Nordkurs.

Er stand nun vor der Frage, was er als nächstes unternehmen

Die *Adventure* (im Vordergrund) und die *Resolution* in der Antarktis.
Die *Adventure* nimmt Eis als Vorrat für Trinkwasser an Bord

Porträt Cooks von Nathaniel Dance aus dem Jahr 1776

Ein Eingeborener der Osterinsel. Gezeichnet von William Hodges

sollte. Er hatte im Indischen und Pazifischen Ozean praktisch alle
Ziele erreicht, die er erkunden wollte, und war vollauf berechtigt,
die Segel wieder auf Heimatkurs zu setzen. Kap Horn lag nicht
allzuweit entfernt, und in ein paar Wochen konnte er im Atlantik
sein. Er konnte aber auch nach Kapstadt segeln, das Schiff dort

im Winter instand setzen lassen und im folgenden Sommer einen weiteren Vorstoß in die Polarregionen unternehmen. Beide Möglichkeiten gefielen Cook nicht. Wenn das Entdeckerfieber einen Menschen erst einmal gepackt hat, gibt es nur einen Verlauf – es verschlimmert sich ständig, und Cook war inzwischen ein unheilbarer Fall. Abgesehen von einigen Inseln mit ungewisser Positionsbestimmung war der gesamte Südpazifik immer noch eine unbekannte Weite. Welches Ziel lag also näher? Was konnte einen Entdecker aus Leidenschaft mehr reizen?

Cook rief seine Offiziere und die anderen Besatzungsmitglieder zusammen – wenn er die Fahrt um ein ganzes Jahr verlängern wollte, mußte er ihnen zumindest die Möglichkeit geben, ihre Meinung zu äußern – und unterbreitete ihnen seine Vorschläge. Er habe die Absicht, sagte er, ein Land zu finden, das angeblich von Juan Fernandez im östlichen Pazifik entdeckt worden sei, und dann zur Osterinsel zu segeln. (Cook hatte nicht viel Hoffnung, das eine oder das andere zu finden. Das Vorhandensein und die Lage des ersten Gebietes bezeugte kein anderer als Alexander Dalrymple, und Cooks Vertrauen in Dalrymple hatte den absoluten Tiefstand erreicht. Die Osterinsel gab es, daran war nicht zu zweifeln, doch wie Cook sagte, war ihre Position »so verschieden angegeben worden, daß ich kaum die Hoffnung hege, sie zu finden«.) Er schlug vor, von dort aus direkt über den Pazifik nach Westen zu segeln, fast bis an die Küste Australiens, und einen Kurs zu nehmen, den bisher noch kein anderer Entdecker verfolgt hatte. Anschließend wollte er nach Neuseeland, dann abermals den Pazifik durchqueren, ungefähr im November Kap Horn umsegeln und im Sommer die südlicheren Breiten des Südatlantiks erforschen, bevor es wieder nach Kapstadt und zurück nach England ginge. In dieser Kurzfassung klang das gar nicht so aufregend. In Wirklichkeit war es eine gigantische Reise, die einen Zeitraum von achtzehn Monaten erforderte.

Es gab keine Gegenstimmen; jedermann, so schien es, war über diese Aussichten erfreut. Das ist vor allem deswegen schwer erklärlich, weil der schönste Anblick dieser Erde für den normalen See-

Die Bucht der Entscheidung. Nach einer Zeichnung von William Hodges

mann der Royal Navy damals wie heute eine Gangway ist, die vom Schiff ans Ufer führt. Vielleicht waren alle so froh darüber, der eisigen Umarmung der Antarktis zu entkommen, daß sie bereitwillig und leichten Herzens so ziemlich alles mitgemacht hätten. Noch wahrscheinlicher ist, daß außer Cook noch andere vom Entdeckerfieber gepackt waren. Höchstwahrscheinlich aber waren sich jetzt alle darüber klar, daß sie eine Elite waren und Dinge vollbrachten, die noch kein Mensch vor ihnen vollbracht hatte, und daß sie auf ihre Art Geschichte machten. Und das alles war nur möglich, weil ihr angebeteter Kapitän es möglich machte, das wußten sie. Es ist schwer, heute den Einfluß von Cooks Persönlichkeit auf seine Crew genau zu bestimmen, aber er war zweifellos sehr groß, vielleicht sogar unbegrenzt. Natürlich war es außerdem für jeden eine große Ehre, auf der *Resolution* zu fahren. Fünfzig Jahre später brauchte einer aus Cooks Besatzung nur zu sagen »Ich bin mit Captain Cook gesegelt«, und schon wurde er als Held betrachtet.

Daß sie die Insel des Juan Fernandez nicht finden konnten, überraschte niemanden. Nach Cooks Meinung war Dalrymples autoritäre Feststellung, es gäbe sie und sie hätte die und die Position, bereits Garantie genug dafür, daß es sie nicht gab. Am 23. Februar kam Cook zu dem Schluß, daß diese Insel tatsächlich nicht existierte, und ging auf einen Kurs, der ihn, wie er meinte, sicher zur Osterinsel führen würde.

Zu diesem Zeitpunkt gab Cooks Gesundheitszustand Anlaß zu äußerster Sorge. Er hatte ungeheuere körperliche und seelische Belastungen hinter sich, er war in der Antarktis fast ununterbrochen der bitteren Kälte an Deck ausgesetzt gewesen, und die ungesunde Ernährung hatte ihm sehr zugesetzt. Nun mußte er wegen einer »Gallenkolik« das Bett hüten, konnte weder feste noch flüssige Nahrung und auch keine Medizin vertragen, sein Zustand verschlechterte sich zusehends und wurde äußerst kritisch. Man konnte kaum noch daran zweifeln, daß er an einer akuten Gallenblaseninfektion litt. Nur die hingebungsvolle und beständige Fürsorge des Schiffsarztes Patten rettete Cook das Leben.

Cook war – auf dem Wege zur Besserung – wieder an Deck, als am 12. März die Osterinsel in Sicht kam. Die *Resolution* segelte an der Küste entlang, um einen Hafen zu finden – es gab keinen –, und die dem Ufer zugewandte Schiffsseite war gesäumt von Besatzungsmitgliedern, die verblüfft auf die großen steinernen Statuen der Insel starrten, die zum Teil auf Abhängen, zum Teil auf steinernen Plattformen standen. Als eine Gruppe an Land ging, fand sie noch viele andere Statuen, die umgestürzt und vom hohen Gras fast überwuchert waren. Die dort lebenden Eingeborenen, die sich den Fremden gegenüber freundlich verhielten, hatten keine Ahnung, von wem oder wann die Statuen errichtet worden waren. Cooks Theorie, die Polynesier hätten weder genügend künstlerische noch handwerkliche Fähigkeiten besessen, um diese gigantischen Statuen herzustellen und aufzurichten, die Kunstwerke müßten also aus einer früheren und weiter fortgeschrittenen, inzwischen aber verschwundenen Zivilisation stammen, ist höchstwahrscheinlich richtig. Der Ursprung der berühmten Steingötter der Osterinsel blieb allerdings bis heute ein Geheimnis.

Als Quelle zur Beschaffung neuer Vorräte war die Oster-Insel für Cook eine herbe Enttäuschung. Man konnte dort noch nicht einmal frisches Wasser bekommen. Cook beschloß, zu den Marquesas-Inseln zu segeln, die fast zwei Jahrhunderte vorher von den Spaniern entdeckt worden waren. Er wollte ihre Position bestimmen, über die man nur ungenaue Angaben hatte, und er hoffte, dort Nachschub an frischen Lebensmitteln zu bekommen. Auf der Fahrt zu den Marquesas wurde Cook abermals so krank, daß man um sein Leben fürchten mußte. Doch auch jetzt konnte er sich dank hingebungsvoller Pflege wieder erholen. Die Marquesas, vier hohe, von fast rasiermesserscharfen Bergzacken gekrönte Inseln, wurden am 7. April gesichtet, und am folgenden Tag ging die *Resolution* vor der Insel Tahuata in der Vaitahu-Bucht vor Anker.

Die Insulaner waren sehr gastfreundlich, und obgleich es kein frisches Fleisch gab, konnte man reichlich Früchte und auch etwas Gemüse bekommen. Was den Engländern am meisten auffiel – und über diesen Punkt schien man an Bord einer Meinung zu sein –, war die äußere Erscheinung der Marquesas-Bewohner. Es waren schlanke und zierliche Menschen mit einer so hellen Haut, daß man die Frauen und Kinder leicht für Europäer halten konnte. Es war die schönste Rasse, der Cook und seine Männer je begegnet waren, und zwar nicht nur im Pazifik, sondern auf der ganzen Erde.

Nun setzte Cook die Segel zur Fahrt nach Tahiti, das schon fast seine zweite Heimat geworden war. Die neuntägige Fahrt führte durch den Tuamotu-Archipel, eine Gruppe weit verstreuter Korallenatolle. Cook versuchte, an einem dieser Atolle vor Anker zu gehen, doch die Eingeborenen ließen keinen Zweifel daran, daß sie nicht das geringste Interesse an einem Besuch Cooks und seiner Leute hatten, so daß man die Reise fortsetzte und am 22. April in der Matavai-Bucht, Tahiti, ankerte.

Sie wurden überschwenglich empfangen, was nun schon zur lieben Gewohnheit geworden war. Die Insel, auf der es beim letzten Besuch Cooks kaum Schweine gegeben hatte, schien nun geradezu überzulaufen von diesen Tieren. Cook kaufte so viele, daß er am Ufer einen Schweinekoben bauen lassen mußte. Die Tauschgüter gingen jetzt langsam zur Neige, aber Cook entdeckte eine ausgezeichnete Ersatzwährung: Zahlreiche rote Federn, die man im vorigen Herbst auf den Freundschafts-Inseln gesammelt hatte. Cook hatte bis jetzt nicht gewußt, daß Rot die heilige Farbe des tahitischen Gottes Oro war und daß rote Federn, die man in Tahiti selbst allem Anschein nach nicht bekam, dort als unerläßlich für bestimmte religiöse Zeremonien galten.

Während ihres Aufenthaltes hatten Cook und eine Gruppe von Offizieren und Wissenschaftlern Gelegenheit, in einer nahegelegenen Bucht, wo sich heute die Hauptstadt Papeete befindet, einem außergewöhnlichen Schauspiel beizuwohnen. Die Tahitier bereiteten sich auf eine Invasion der Nachbarinsel Moorea vor, deren Häuptling gegen Tahiti revoltierte – jetzt fand die Generalprobe statt. Die Bucht war von einem Ende zum anderen mit einer riesigen

Flotte von doppelrumpfigen Kriegskanus angefüllt, von denen viele so lang waren wie die *Resolution* selbst. Die enorm schnellen und starken Fahrzeuge hatten hinten eine Kampfplattform, auf der die mit Speeren, Keulen und einem reichlichen Vorrat an Steinen bewaffneten Krieger standen. (Es ist erstaunlich, daß damals überall im polynesischen Pazifik – und nirgendwo anders auf der Welt – Steine die wichtigste Angriffswaffe zu sein schienen.) Mit den Ruderern, die im Notfall sicher ebenfalls kämpfen würden, befanden sich bis zu vierzig Krieger in jedem Kanu. Cook zählte nicht weniger als 160 Kanus; außerdem machte er noch einmal soviel etwas kleinere Fahrzeuge aus, die seiner Ansicht nach für Nachschub und Transportzwecke bestimmt waren.

Aus einigen Berichten geht hervor, daß die Kanus teilweise bis zu zweihundert Krieger und Ruderer aufnehmen konnten, und das ist durchaus möglich. Es muß ein außerordentlich eindrucksvolles Schauspiel gewesen sein, als diese vielen hundert Kanus und Tausende von Kriegern Revue passierten.

Cook war so vorsichtig, den Beginn der Feindseligkeiten selbst nicht abzuwarten. Diesmal war der Abschied besonders schmerzlich, denn Cook eröffnete den Eingeborenen traurig, daß er niemals mehr nach Tahiti zurückkehren würde. In Wirklichkeit war er schon drei Jahre später wieder da.

Von Tahiti segelte man nach Huahine und Raiatea, zwei der Gesellschafts-Inseln, die man inzwischen fast ebensogut kannte wie Tahiti. Dort nahmen sie Proviant auf, und der zutiefst betrübte Odiddy wurde wieder nach Hause geschickt. Anschließend segelte man nach Westen zu den Freundschafts-Inseln, vorbei an einem Atoll der Cook-Inseln, dem man den Namen Palmerston-Insel gab. Einige Tage später näherten sie sich einer bedeutend größeren Insel, wo sie mit einem Hagel von Wurfspeeren und Steinen empfangen wurden, so daß an Ankern nicht zu denken war. Cook taufte sie auf den passenden Namen Wilde Insel. Wäre er nicht schnell und geistesgegenwärtig zur Seite gesprungen, hätte ein Speer ihn durchbohrt. Nachkommen der Steinwerfer in unserer Zeit behaupten,

Einige von Cooks Männern bei der Landung auf den Neuen Hebriden.
Mehrere Eingeborene wurden getötet, zwei von Cooks Männern
verwundet

man habe ihre Ahnen verleumdet, und die Einwohner von Niue – so lautete der ursprüngliche Name, und so heißt die Insel heute offiziell – seien in Wahrheit so gastfreundlich gewesen, wie man es sich nur wünschen kann.

Cook fuhr weiter zu den Freundschafts-Inseln, die ihn offenbar ebenso faszinierten wie Tahiti. Als er drei Jahre später wieder in dieses Gebiet kam, verbrachte er nicht weniger als drei Monate damit, ziellos zwischen den Inseln zu kreuzen. Diesmal verlor er allerdings keine Zeit. Es war bereits Ende Juni, er wollte Kap Horn im November umsegeln und vorher noch prüfen, ob es auf ungefähr halbem Weg zwischen den Freundschafts-Inseln und der australischen Küste tatsächlich die Inselgruppe gab, von der sowohl Quiros als auch Bougainville gesprochen hatten.

Von den Freundschafts- oder Tonga-Inseln segelte Cook in leicht nordwestlicher Richtung und verfehlte so nur knapp die Fidschi-Inseln, die ein bißchen weiter nördlich von seinem Kurs lagen. Die erste der Großen Zykladen (wie Bougainville die Gruppe getauft hatte), eine Insel namens Maewo, wurde am 17. Juli gesichtet. Von nun an fuhr Cook durch ein Labyrinth von Inseln – die Großen Zykladen bestehen aus rund achtzig, die sich über eine Entfernung von ungefähr achthundert Kilometern erstrecken. Cook hatte also vollauf zu tun, um alle gewissenhaft zu kartographieren.

Sie stellten fest, daß sich auf den Großen Zykladen zwei Rassen, zwei Kulturen begegneten: die Polynesier und die dunkelhäutigeren, mehr negroiden Melanesier. Zwischen beiden Rassen bestanden bemerkenswerte Charakterunterschiede. Unversöhnliche Feindschaft gegenüber Fremden schien ein angeborener Wesenszug der Melanesier zu sein. Als Cook auf Malekula und Erromanga, zwei hauptsächlich von Melanesiern bewohnten Inseln, landete, begegnete man ihm mit kühler Feindseligkeit, die in Erromanga allerdings schnell hitziger wurde. Die Eingeborenen versuchten, sich der Boote der *Resolution* zu bemächtigen. Sie schleuderten Steine, warfen Speere und schossen Pfeile ab. Die Männer der *Resolution* mußten die Musketen zu Hilfe nehmen, um ihr Leben zu retten. Mehrere Eingeborene wurden getötet und viele verletzt, zwei englische Seeleute wurden verwundet.

Es ist typisch für Cook, daß er die Schuld an diesem Vorfall nur bei sich und seinen Leuten suchte. Traurig schrieb er: »Wir betreten ihre Häfen und versuchen, auf friedliche Weise zu landen. Gelingt das, ist alles gut, wenn nicht, landen wir nichtsdestoweniger und behaupten unseren Platz durch die Überlegenheit unserer Feuerwaffen. Wie sollten sie etwas anderes in uns sehen als Eindringlinge in ihr Land?« Dieses Thema taucht in Cooks Tagebüchern immer wieder auf. Im Gegensatz zur großen Mehrheit seiner Landsleute – und aller Europäer überhaupt – war es ihm völlig klar, daß sie sich unerwünscht Menschen aufdrängten, die vollkommen glücklich gewesen waren, bevor sie kamen, daß sie, die Weißen, sich mit Gewalt das rechtmäßige Eigentum anderer nahmen und daß das Eindringen der Weißen diesen einfachen und ehemals zufriedenen Menschen des Pazifiks auf lange Sicht Verderben und Zerstörung bringen würde. Cook scheint wirklich von diesem Gedanken besessen gewesen zu sein, was eigentlich paradox war, hatte doch keiner unter den Entdeckern so viele neue Gebiete für die Britische Krone annektiert wie er. In Wirklichkeit handelte es sich hier lediglich um den jahrhundertealten Kampf zwischen Pflicht und Gewissen.

Die polynesische Bevölkerung der Großen Zykladen bereitete Cook einen ganz anderen Empfang. Er brauchte dringend Wasser und Holz und versuchte sein Glück deshalb in Tanna, der am weitesten südlich gelegenen größeren Insel der Gruppe, auf der ein tätiger Vulkan lag. Die Bewohner waren Polynesier, und obgleich der Empfang zuerst kühl ausfiel, entwickelte sich schließlich eine enge Freundschaft, die auch nicht durch die Tatsache getrübt wurde, daß ein Eingeborener ohne ersichtlichen Grund von einem der Wachposten erschossen wurde. Denkt man an die zahlreichen Eingeborenen, die auf den verschiedensten pazifischen Inseln tot zurückgelassen wurden, so scheinen die Matrosen auf Cooks Schiffen in der Tat ein recht schießfreudiger Haufen gewesen zu sein.

Frau von der Insel Tanna. Zeichnung von William Hodges

Die Tanna-Insulaner waren durchaus am Tauschhandel interessiert, und Cook konnte seine Vorräte an Frischfleisch aufstocken, natürlich wieder mit den dort unvermeidlichen Schweinen. Als Cook einen seiner angenehmsten und erfreulichsten Aufenthalte

Mann von der Insel Tanna. Zeichnung von William Hodges

im Pazifischen Ozean – wegen ihrer Gastfreundschaft stellte er die Tannas in eine Reihe mit den Tahitiern und den Eingeborenen der Freundschafts-Inseln – beendete, stellte er fest, daß Tanna die fruchtbarste Insel des Pazifiks wäre, ein Umstand, den er auf die vulkanische Asche zurückführte, die in regelmäßigen Abständen auf der Insel abgelagert wurde, und außerdem der schönste Ort, den er je erblickt hatte. Da dieses Lob von einem überzeugten Wahltahitier wie Cook stammte, war es ein echtes Kompliment.

Cook drehte nach Norden, um einen weiteren Bogen durch die Großen Zykladen zu machen, bei dem er seine Vermessungs- und Kartographierarbeiten vervollständigen konnte, und segelte anschließend südlich nach Neuseeland. Er war der Meinung, der französische Entdecker Bougainville habe die Inselgruppe lediglich kurz gestreift, wohingegen er, Cook, alle größeren und viele der kleineren Inseln besucht und das ganze Gebiet gründlich vermessen und kartographiert habe, wobei er natürlich nicht vergaß, überall, wo er vorbeikam, freigebig Namen zu verteilen. Deshalb meinte er, er habe auch ein größeres Recht als Bougainville, die Inselgruppe zu annektieren. Er taufte sie auf den Namen Neue Hebriden um und nahm sie im Namen der Britischen Krone in Besitz. Tatsächlich sind die Inseln, ein Teil des anglofranzösischen Kondominiums, noch heute vorherrschend britisch.

Sie segelten stetig nach Süden, bis sie am 5. September eine gebirgige Insel sichteten. An der Nordseite lagen zahlreiche gefährliche Riffs und Untiefen, so daß Cook an der Ostküste nach Süden kreuzte, bis er einen geeigneten Ankerplatz fand. Die Eingeborenen der Insel – eine Rasse, die Cook nicht kannte, jedenfalls keine Polynesier – erwiesen sich als sehr gastfreundlich, und die *Resolution* blieb dort eine Woche. In einer Landschaft, die Cook sehr an Australien erinnerte, betrieb ein freundliches, immer fröhliches Volk einen ziemlich intensiven Ackerbau.

Während dieses Aufenthalts bestieg Cook einen Berg und stellte fest, daß die Insel, die die Form eines riesigen Walrückens besaß, ungefähr fünfundfünfzig Kilometer breit war. Als sie sich wieder auf den Weg machten, staunten sie über die Nord-Süd-Länge, die mindestens vierhundert Kilometer betragen mußte. Cook schätzte, abgesehen von Neuseeland müsse es sich um die größte Insel des Pazifischen Ozeans handeln, und wie gewöhnlich hatte er recht.

Ohne Rücksicht auf ihren Namen Balade, den die Eingeborenen ihr gegeben hatten, taufte er sie auf den Namen Neu-Kaledonien.

Am 10. Oktober erreichten sie eine kleine, unbewohnte, aber sehr fruchtbare Insel, die Cook Norfolk-Insel nannte. Sie blieben nur so lange auf ihr, daß Cook sie annektieren konnte, und segelten dann an der Westküste der Nordinsel vorbei zum Königin-Charlotte-Sund, wo sie am 18. Oktober eintrafen.

Dort verbrachten sie drei Wochen, luden Wasser und Holz und reparierten die *Resolution* so gut wie möglich, bevor der nächste lange Reiseabschnitt begann – die Umseglung Kap Horns und die Weiterfahrt nach Kapstadt. Erst dort konnten sie wieder neue Vorräte erwarten. Baumstümpfe, die Spuren von Sägearbeiten aufwiesen, zeigten ihnen, daß vor ihnen ein anderes Schiff im Sund gewesen war. Die für Furneaux hinterlassene Botschaft fehlte. Und mit Hilfe von Zeichensprache und schematischen Skizzen konnte Cook von den Maoris erfahren, wann die *Adventure* ungefähr abgesegelt war.

Cook bemerkte, daß die Maoris sich anders verhielten als bei seinem letzten Besuch vor einem knappen Jahr. Damals waren sie freundlich und gesellig, jetzt aber mißtrauisch und scheu. Erst als Cook in Kapstadt ankam, dort einen Brief vorfand, den Furneaux für ihn hinterlassen hatte, und von dem schrecklichen Zwischenfall mit den Menschenfressern erfuhr, begriff er, daß die Maoris im Königin-Charlotte-Sund in der Tat Grund gehabt hatten, auf der Hut zu sein.

Die *Resolution* verließ den Sund am 10. November, ging auf einen südöstlichen Kurs, bis sie rund tausend Seemeilen weit vom Ausgangspunkt gesegelt war, drehte dann nach Osten und machte vor kräftigen Westwinden, mehr oder weniger auf dem 55. Breitengrad, schnelle Fahrt nach Kap Horn. Furneaux hatte fast genau denselben Kurs eingeschlagen. Man braucht kaum noch zu erwähnen, daß keiner von ihnen eine Spur von Alexander Dalrymples Südkontinent entdeckte.

Die Fahrt nach Kap Horn verlief ohne besondere Ereignisse.

Cook erklärte sogar, sie sei langweilig gewesen. Die Weihnachtszeit verbrachten sie im Gebiet von Feuerland, vermaßen, botanisierten, luden Nahrung und Wasser, umsegelten Kap Horn dann am 29. Dezember und fuhren hinaus in den Atlantik.

Cooks letzte Aufgabe war es nun, den südlichen Atlantik auf den südlicheren Breiten zu überqueren und das zu suchen, was er seiner festen Überzeugung nach niemals finden würde – den großen Südkontinent, der nach der festen Überzeugung von Dalrymple und anderen berühmten Geographen dort liegen sollte. Ihrer Meinung nach mußte er einfach dort zu finden sein, hatten sie doch bereits Karten von ihm gezeichnet. Also stieß Cook noch einmal weit in die Regionen des Eises, der bitteren Kälte und des dichten, alles einhüllenden Nebels vor. Er entdeckte Süd-Georgien, eine öde, unzugängliche und trostlose Wildnis aus Eis und Schnee, die völlig unbewohnt war. Das hielt Cook selbstverständlich nicht davon ab, zu landen und die Insel im Namen der Krone zu annektieren. Auf der Weiterfahrt entdeckte er eine ähnliche Inselgruppe, die er ebenfalls annektierte und Südliche Sandwich-Inseln nannte, und weiter südlich traf er auf eine weitere Einöde, die er Süd-Thule taufte.

Außer diesen Inseln fand Cook nichts, nicht die geringste Spur von Dalrymples großem Südkontinent – aus dem einfachen Grund, der Cook schon seit langem klargewesen war: Es gab ihn überhaupt nicht. In den letzten ein bis zwei Wochen suchte Cook noch einmal nach Bouvets Kap der Beschneidung und fand es ebensowenig. Jetzt schnitt er die Route, der er vor mehr als zwei Jahren bei der ersten Überquerung des Südlichen Polarkreises gefolgt war. Er hatte die Erde auf so südlichen Breiten umsegelt, wie man es für völlig unmöglich gehalten hatte; und er hatte Dalrymples Theorie nicht nur erschüttert, sondern zweifelsfrei bewiesen, daß es so etwas wie die *Terra australis incognita* nicht gab. Man hatte Cook eine Aufgabe übertragen, oder er hatte sie sich, wenn man so will, selbst gestellt, und diese Aufgabe hatte er jetzt gelöst.

Es war nun Zeit für die Heimkehr, und wenn auch nur deshalb, weil es im südlichen Teil der Hemisphäre nichts mehr zu geben schien, was er noch entdecken konnte. Am 21. März erreichte er Kapstadt, wo ihn verschiedene Ausbesserungsarbeiten, vor allem an einem böse mitgenommenen Ruder, fünf Wochen festhielten. Hier gab man ihm auch den Brief, den Furneaux zurückgelassen hatte, und er erfuhr von der Tragödie im Königin-Charlotte-Sund.

Die Heimroute der *Resolution* führte an St. Helena, Ascension und den Azoren vorbei. Am 30. Juli 1775 ging sie in Spithead vor Anker, drei Jahre und achtzehn Tage nach ihrem Aufbruch zur größten Entdeckungsfahrt der Geschichte.

Die Nordwest-Passage

Am Ende dieser zweiten Fahrt bestand – im Gegensatz zur Rückkehr nach der ersten Reise – keinerlei Zweifel daran, wem Ehre
und Ruhm gebührten. Cook war der Mann der Stunde und, ohne
daß es direkt ausgesprochen wurde, der Held der Nation. Er wurde
zum Mitglied der Royal Society ernannt. Er erhielt die Copley-
Goldmedaille für seinen Bericht über die Förderung der Gesundheit
auf See (seine unerbittliche Strenge bei der Einhaltung der Vor-
schriften zur Skorbutbekämpfung wird nicht eigens erwähnt). Auf
der gesamten unglaublichen Reise hatte Cook nur einen Mann verloren, und zwar nicht durch Skorbut. Er verkehrte freundschaftlich
mit den Lords der Admiralität. Er wurde vom König empfangen,
zum Wirklichen Kommandierenden Kapitän der *H. M. S. Kent,*
eines Vierundsiebzig-Kanonen-Kreuzers, befördert und erhielt die
Ehrenstellung eines Vierten Kapitäns beim Hospital für Seeleute
zu Greenwich, womit die Admiralität ausdrücken wollte, daß er
trotz seines Alters von erst siebenundvierzig Jahren mehr als genug
geleistet hatte und das Recht auf einen ehrenhaften – und vollbe-
zahlten – Ruhestand besaß.

Cook selbst betrachtete diese Pfründe mit gemischten Gefühlen.
Einem Freund schrieb er: »Mein Schicksal treibt mich von einem
Extrem zum anderen. Vor wenigen Monaten war die gesamte südliche Halbkugel kaum groß genug für mich, und nun soll ich mich
auf das Gelände des Hospitals zu Greenwich beschränken, das für
einen rastlosen Geist wie mich viel zu klein ist. Ich muß gestehen,
es ist ein schöner Ruhesitz, und ich erhalte ein hübsches Einkom-

men, aber ob ich mich überwinden kann, Muße und Ruhestand zu genießen, wird die Zeit erweisen.«

Cook machte sich unnötig Sorgen. Seine Zeit für Muße und Ruhestand war noch nicht gekommen und sollte tragischerweise nie kommen. Man bastelte bereits an Plänen für eine dritte Reise, dieses Mal allerdings waren nicht die südlichen Meere das Ziel. Während Cook eifrig damit beschäftigt war, das Tagebuch seiner zweiten Reise zur Veröffentlichung umzuarbeiten – nach der Lektüre des Machwerks, das Hawkesworth aus seinem vorigen Tagebuch zusammengebastelt hatte, war er entschlossen, diesmal alles persönlich zu überwachen –, erwog die Admiralität, ob es möglich, ratsam und weise sei, sich auf die Suche nach der sagenumwobenen Nordwest-Passage zu machen und einen Traum Wirklichkeit werden zu lassen, der nahezu drei Jahrhunderte alt war. Man glaubte nämlich, daß es im Norden Nordamerikas eine Verbindung zwischen Atlantik und Pazifik geben könnte. Im Laufe der Jahre hatte man viele Versuche unternommen, um diesen Verbindungsweg zu finden, Versuche, die mit Namen wie Cabot und Frobisher, Hudson und Baffin verbunden waren. Am Ende des vorangegangenen Jahrhunderts hatte Baffin die erstaunliche Breite von 77 Grad 45 Minuten erreicht und damit fast die halbe Entfernung zwischen dem nördlichen Polarkreis und dem Pol zurückgelegt. Diese Leistung war selbst hundert Jahre nach Cooks Tod noch nicht übertroffen worden. Doch selbst Baffin war es nicht gelungen, die Passage zu finden.

Die Admiralität war entschlossen, es von neuem zu versuchen. Diesmal wollte man allerdings den Angriff von beiden Seiten führen. Man wußte, daß Bering, ein in der russischen Marine dienender Schwede, 1742 die Existenz einer Straße zwischen dem asiatischen Festland und dem Nordwestzipfel Nordamerikas, den wir heute Alaska nennen, nachgewiesen hatte. Diese Passage wollte man nun von zwei Seiten gleichzeitig aufzufinden versuchen – eine Expedition sollte vom Atlantik aus vordringen, während sich eine zweite von der pazifischen Seite näherte.

Der atlantische Vorstoß wurde der von Cooks altem Freund Richard Pickersgrill kommandierten Fregatte *Lion* übertragen, während die *Resolution* und die *Discovery* den pazifischen Zugang suchen sollten – nicht die ursprüngliche *Discovery*, sondern eine neue, ein anderes Whitby-Kohlenschiff, das die Admiralität auf Cooks Empfehlung kaufte.

Große Schwierigkeiten aber bereitete den Lords der Admiralität die Frage, wer die pazifische Expedition befehligen sollte. Selbstverständlich war Cook ganz offensichtlich nicht nur der beste, sondern auch der einzige Mann für diese Aufgabe. Aber in Anbetracht seiner überragenden Leistungen hatte Cook den Ruhestand wirklich mehr als reichlich verdient, und die Admiralität zögerte lange, bevor sie nochmals an ihn herantrat. Schließlich kam den Lords der ihrer Meinung nach außerordentlich geniale und listige Plan in den Sinn, ihn zu einer exklusiven Dinner-Party einzuladen, bei der außer ihm noch Lord Sandwich, Erster Lord der Admiralität, Palliser, Oberster Aufseher der Navy, und Stephens, Sekretär der Admiralität, anwesend sein sollten. Bei dieser Gelegenheit wollte man ihn um Rat fragen, wer am besten für das Kommando der pazifischen Expedition geeignet wäre. Es ist sicherlich überflüssig hinzuzufügen, daß Cook Kommandeur der Expedition war, als er sich von der Tafel erhob.

Cooks Kapitänleutnant wurde John Gore, der mit ihm schon auf der *Endeavour* und mit Wallis auf der *Dolphin* die Welt umsegelt hatte, Zweiter Offizier James King, der auch ein ausgezeichneter Astronom war, und Dritter Offizier John Williamson. Der Steuermann sollte fast so berühmt werden wie Cook selbst – es war William Bligh.

Kommandeur der *Discovery* war Kapitän James Clerke, ein enger Freund Cooks und einer der erfahrensten Seeleute seiner Zeit – er hatte die Erde einmal mit Byron und zweimal mit Cook umsegelt, so daß er nun seine vierte große Reise antrat. Es sollte auch seine letzte Reise werden. Ebenso wie Cook starb er an den Gestaden des pazifischen Ozeans. Sein Kapitänleutnant hieß James Bur-

John Montagu, vierter Graf von Sandwich. Gemälde von Gainsborough

ney, sein Zweiter Offizier John Rickman. Zu seinen Leutnants zur
See zählte auch ein gewisser George Vancouver, der ebenfalls mit
Cook auf der *Resolution* gesegelt war und später selbst ein bekannter Entdecker wurde. Mehr als zwanzig Mitglieder der Expedition
waren bereits mit Cook gefahren, einige von ihnen sogar schon
zweimal. Zu ihnen gehörte auch Samuel Gibson (inzwischen Ser-
geant), den Cook einmal hatte auspeitschen lassen, weil er bei ihrem
ersten Besuch Tahitis vom Schiff desertiert und mit einer Insel-
schönheit in die Berge geflüchtet war. Offenbar waren weder
Cook noch Gibson nachtragend. Und mit ihnen sollte auch Omai
fahren, ein Tahitier, den Furneaux nach England mitgenommen
hatte.

Am 12. Juli 1776, bis auf einen Tag genau vier Jahre, nachdem
er seine vorige Reise angetreten hatte, begann Cooks Fahrt zum
Pazifik. Die *Resolution* mußte allein segeln, weil der unglückliche
Kapitän Clerke von der *Discovery* gerade in einem Schuldturm
schmachtete – er hatte für die Schulden seines Bruders, des Kapitäns
John Clerke, gebürgt, und dieser war zu einer Reise in fremde
Länder aufgebrochen, ohne sie zu begleichen. Clerke wurde
schließlich freigelassen, und die *Discovery* setzte am 1. August die
Segel. Die Vorzeichen für diese Reise waren nicht eben günstig.
Man glaubt, daß Clerke sich die Tuberkulose, die ihn schließlich
dahinraffen sollte, im Gefängnis zuzog.

Auf der Fahrt nach Kapstadt machte die *Resolution* Aufenthalt
in Teneriffa, um reichliche Mengen an Wein zu laden und die Wasservorräte zu ergänzen. Hier nahm man auch recht ausgefallene
Vorräte an Bord – Tierfutter, denn die *Resolution* war fast ein
schwimmender Bauernhof, wohlversorgt mit Rindern und Schweinen, Schafen und Ziegen, die als persönliche Geschenke des Königs
für verschiedene Inseln im Pazifik mitgenommen wurden.
Schweine in den Pazifik zu bringen, wo es davon wimmelte, war
allerdings etwa so, als wollte man Kohlen nach Newcastle tragen.

Kapstadt wurde am 17. Oktober erreicht. Cook ließ die *Resolu-*
tion unverzüglich neu kalfatern, denn es hatte vor allem auf dem

Hauptdeck so scheußlich geleckt, daß, wie Cook schrieb, unten kaum noch jemand in einem trockenen Bett schlafen konnte. Als die *Discovery* am 10. November ankam, stellte man fest, daß sie sich in einem ebenso schlechten Zustand befand wie die *Resolution*. Auch sie kam unverzüglich in die Hände der Schiffsbaumeister.

Cook hatte das Vieh zum Weiden an Land bringen lassen, und als einige der Schafe gestohlen wurden, ließ er sie durch Kapschafe ersetzen. Da er offensichtlich der Meinung war, seine Menagerie sei noch nicht vollständig, nahm er Kaninchen und nicht weniger als vier Pferde an Bord, die in Omais Kabine untergebracht wurden, was Omai offenbar sehr entzückte, denn im letzten, auf den 26. November 1776 datierten Brief, den Cook an Lord Sandwich schickte, schrieb er: »Wir haben jetzt einige Pferde an Bord, was Omai vollkommen glücklich gemacht hat. Er stimmte begeistert zu, seine Kabine zu räumen, um Platz für sie zu schaffen«. Dieses lebende Schiffsinventar veranlaßte Cook im selben Schreiben zu einer seiner seltenen heiteren Anmerkungen: »Außer ein paar weiblichen Wesen unserer eigenen Gattung fehlt nichts mehr, um aus der *Resolution* eine richtige Arche Noah zu machen.« In diesem Brief steht auch ein Satz, der fast wie Cooks eigene Grabinschrift wirkt: »Mein Unternehmungsgeist wird nicht ruhen, ehe wir das große Ziel dieser Reise erreichen.« Unternehmungsgeist und Leistung, das waren die Grundpfeiler in Cooks Leben.

Die beiden Schiffe segelten am 1. Dezember gemeinsam ab. Am 13. traf Cook auf eine Inselgruppe, die er Prinz-Eduard-Inseln nannte – in Wirklichkeit waren die Inseln bereits von dem Franzosen Marion du Fresne entdeckt worden, doch eine derartige Kleinigkeit konnte Cook nicht daran hindern, sie umzutaufen und für die Krone zu annektieren. (Sie gehören heute zu Südafrika.) Zwölf Tage später fand Cook die Kerguelen-Inseln, die ihm bei seiner Suche vor vier Jahren entgangen waren. Die erste Insel war von Kerguelen auf den Namen Rendezvous-Insel getauft worden. Prompt änderte Cook diesen Namen in Kap Bligh, nach seinem Steuermann, und bemerkte dazu, auf diesem unzugänglichen,

Gemälde von Webber, das Cook bei der Begegnung mit einigen Maoris
in einer Siedlung im Königin-Charlotte-Sund im Februar 1777 zeigt. Im
Hintergrund sind die *Resolution* und die *Discovery* zu sehen

George Carters Version der Ermordung von Captain Cook im Jahre 1779

baumlosen, öden Eiland würde außer einigen Seevögeln wohl niemand je ein Rendezvous vereinbaren.

Von starken Westwinden vorangetrieben, machten die beiden Schiffe ausgezeichnete Fahrt und erreichten am 26. Januar Van-Diemens-Land – Tasmanien. Hier luden sie Wasser und Holz und knüpften recht oberflächliche Beziehungen zu den sehr rückständigen Ureinwohnern der Insel an – ihre Frauen, schrieb der Schiffsarzt Samwell, waren die häßlichsten menschlichen Geschöpfe, die man sich nur denken konnte, und wenn die Zeichnungen, die Webber, der offizielle Maler der *Resolution,* von ihnen machte, uns auch nur einen annähernd zuverlässigen Eindruck verschaffen, muß man zugeben, daß es schwer ist, Samwells Urteil zu widerlegen.

Am 30. Januar setzten die beiden Schiffe die Segel, und am 12. Februar trafen sie in Neuseeland an dem Ankerplatz ein, der Cook inzwischen ebenso vertraut war wie die Matavai-Bucht in Tahiti – im Königin-Charlotte-Sund. Die dort lebenden Maoris schienen große Furcht vor ihnen zu haben. Sie glaubten, daß Cook zurückgekehrt war, um den Tod der zehn Männer von Furneaux' *Discovery* zu rächen. Nach ihrem Verhaltenskodex war das ganz unvermeidlich. Cook aber war der Ansicht, was geschehen ist, ist geschehen. Das konnten sie nicht begreifen, und sie waren wie vom Donner gerührt, als Cook die Identität des Mannes feststellte, der den Überfall angezettelt hatte – es handelte sich um ihren Häuptling Kahura –, und ihn nicht auf der Stelle erschießen ließ. Cook wollte keine Vergeltung üben. Er schrieb: »Wäre ich dem Rat unserer angeblichen Freunde gefolgt, hätte ich vielleicht die ganze Rasse ausgerottet, denn alle Bewohner jeder Siedlung oder jeden Dorfes baten mich abwechselnd, die anderen zu vernichten, ein deutlicher Beweis für die Uneinigkeit, in der sie leben.« Statt ihn töten zu lassen, ließ Cook Kahura von Webber porträtieren. Leider wissen wir nicht, ob diese großzügige Geste eine beschwichtigende Wirkung auf Kahuras blutdürstiges Wesen ausübte.

Nach zwei Wochen segelten die beiden Schiffe nach Tahiti ab. Es war Cooks Absicht gewesen, den direkten Kurs einzuschlagen, doch östliche Gegenwinde verlangsamten die Fahrt und zwangen ihn immer wieder, seinen Kurs nach Westen abzuändern. Am 29. März sichtete man zum erstenmal Land – es war Mangaia, das zu den Cook-Inseln gehört. Scharfe Brandung und die Korallenriffe, von denen die Insel umgeben war, machten es unmöglich, dort Proviant an Bord zu nehmen. Ebensowenig Erfolg hatten sie bei der anderen Insel der Gruppe.

Inzwischen benötigten sie dringend neues Viehfutter. Statt sich gegen die Ostwinde nach Tahiti vorzukämpfen, was unter Umständen Wochen erfordert hätte, beschloß Cook, nach Westen zu den Freundschafts-Inseln abzudrehen, wo er, wie er wußte, willkommen sein würde und Futter im Überfluß bekommen könnte. Unterwegs machten sie Aufenthalt auf der unbewohnten Palmerston-Insel, die Cook auf seiner vorigen Reise entdeckt hatte, und sammelten dort Löffelkraut.

Die *Resolution* erreichte die Freundschafts-Inseln gegen Ende April und blieb dort – ebenso wie die *Discovery* – bis Mitte Juli. Dieser Abschnitt in Cooks Leben war für Historiker immer wieder Anlaß zu Spekulationen. Weshalb, fragten sie, brach er nicht zum Nordpazifik auf und versuchte nicht, noch in diesem Sommer die Bering-Straße zu durchfahren – obgleich es hätte Spätsommer werden können, ehe er dort gewesen wäre? Die Antwort ist ganz eindeutig: Nach dem Plan der Admiralität sollte der Angriff auf die Nordwest-Passage von der atlantischen und der pazifischen Seite her gleichzeitig erfolgen, weil man hoffte, die beiden Schiffe würden sich dann treffen. Und als Termin dafür hatte man den Sommer im darauffolgenden Jahr 1778 bestimmt. Die Admiralität hatte die Möglichkeit berücksichtigt, daß Cook auf der Hinfahrt aufgehalten werden könnte und dann das Rendezvous im Jahre 1777 nicht mehr geschafft hätte. In Wirklichkeit hatte Cook außerordentlich schnelle Fahrt gemacht und hätte die Bering-Straße durchaus noch in diesem Sommer erreichen können, wenn er es versucht hätte. Das wäre jedoch sinnlos gewesen: Das Datum war auf 1778 festgesetzt worden.

Rätselhaft ist allerdings, daß Cook, dieser rastlos Getriebene mit dem unstillbaren Durst, zu sehen, was hinter einem Berg, hinter der nächsten Ecke lag, jetzt zumindest zeitweise seinen alten Forscherdrang eingebüßt zu haben schien. Man hatte ihm nicht einmal, sondern sehr oft berichtet, daß im Norden Samoa und im Nordwesten die Fidschi-Inseln lagen, beide buchstäblich an der Schwelle zu den Freundschafts-Inseln in Anbetracht der weiten Bögen durch den Pazifik, die Cook zuvor schon gemacht hatte. Und man hatte ihm erzählt, daß es in nicht allzu großer Entfernung von Tongatabu Dutzende von anderen Inseln gab. Cook kümmerte sich nicht

Empfang auf einer Insel der Ha'apai-Gruppe für James Cook

darum, und setzte seine anscheinend ziellose Fahrt von einer der
zauberhaften Tonga-Inseln zur anderen fort. So sorglos und gelöst
war Cook in dieser Zeit, daß Mädchen von den Tonga-Inseln sogar
an Bord lebten und während dieser traumhaften, idyllischen Zeit
mit ihnen von Eiland zu Eiland trieben.

Wie ein Fußballer oder Cricketspieler, der zuviel trainiert hat,
war Cook vielleicht im Moment abgestumpft, vielleicht waren die
übermenschlichen Anstrengungen in all diesen Jahren zuviel für
ihn gewesen. Vielleicht wollte er sich und seiner Mannschaft einmal
Ruhe gönnen, damit sie alle beim Vorstoß zur Bering-Straße in

Eingeborene von Tonga beim Boxkampf. Zeichnung von John Webber

Höchstform wären. Vielleicht blieb er auch nur deshalb so lange,
weil er die Freundschafts-Inseln besonders liebte. Aber vielleicht
ahnte er bereits, daß seine Zeit sich nun dem Ende zuneigte, und
wollte sie noch nutzen. Genaues werden wir nie erfahren. Wie nicht

Stich nach einer Zeichnung von Webber, der einen »Nachttanz« von Männern der Ha'apai-Inselgruppe zeigt

anders zu erwarten, erwähnte Cook den Grund für die Verzögerung in seinem Tagebuch mit keinem einzigen Wort.

Am 17. Juli machten sich die beiden Schiffe nach Tahiti auf und
kamen dort am 12. August an. Auch hier zeigte Cook dieselbe rät-
selhafte Untätigkeit und vertrieb sich mit seinen inzwischen alten
und vertrauten Freunden aus Tahiti und den benachbarten Gesellschafts-Inseln angenehm die Zeit. Das Vieh wurde in der Matavai-
bucht an Land gebracht, und in seinem Tagebuch beschreibt Cook
amüsiert, welch eine Sensation er und Kapitän Clerke bei den Tahitiern auslösten, als sie mit ihren Pferden über die Ebene galoppier-
ten – die Insulaner hatten noch nie Pferde gesehen.

Man muß sich, nebenbei gesagt, wundern, daß Clerke überhaupt
noch zum Reiten fähig war. Die ersten Symptome seiner Erkrankung an Tuberkulose hatten sich kurz nach Verlassen Englands
geäußert, und die Krankheit war inzwischen recht weit fortgeschritten. Heute ist Tuberkulose zwar durchaus heilbar, doch damals konnte man den Verlauf der Krankheit durch nichts aufhalten.
Clerke ging es oft so schlecht, daß er die *Discovery* nicht mehr
kommandieren konnte. Sein Gesundheitszustand war derart be-
sorgniserregend, daß man vorschlug, ihn auf Tahiti zurückzulassen
und die *Discovery* unter seinem Kapitänleutnant Burney nach
Norden segeln zu lassen. Doch Clerke bestand darauf, die Reise
fortzusetzen.

Die Insulaner scheint Cook in dieser Zeit autokratisch behandelt
zu haben. Als sie Tahiti verließen, fuhren sie zunächst nach Moorea,
das nur achtzehn Kilometer entfernt ist. Eingeborene stahlen eine
Ziege, und Cook machte bekannt, daß er alle Kanus der Insel zer-
stören lassen würde, wenn man die Ziege nicht umgehend zurück-
brächte. Diese Maßnahme hätte eine vernichtende Wirkung auf die
Versorgung und Wirtschaft der Insel gehabt und scheint uns in
Anbetracht der Tatsache, daß es lediglich um eine Ziege ging, doch
etwas übertrieben. Tatsächlich wurden zwölf Kanus verbrannt, ehe
man die Ziege zurückbrachte.

In Huahine wurde abermals ein Sextant gestohlen. Man fand

Porträt von John Webber, des Malers auf Cooks letzter Reise, der dessen Ermordung im Bild festhielt. Miniatur von J. D. Mottet

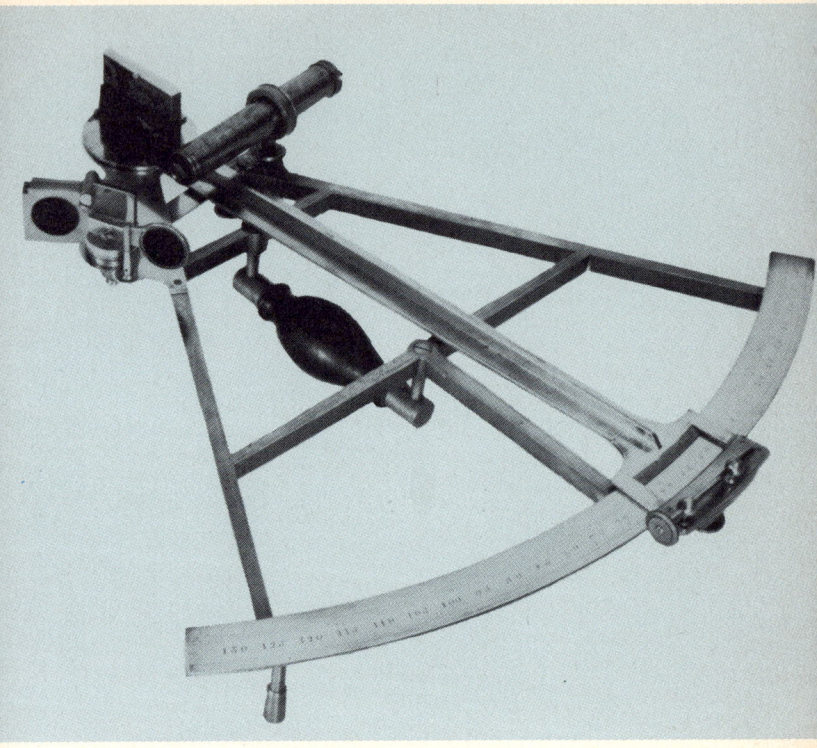

Ein Sextant aus der Werkstatt von Jesse Ramsden, der auch Sextanten
für Cook herstellte

das Instrument wieder und setzte den Dieb fest. Er war derart
verstockt und frech, daß Cook ihm beide Ohren abschneiden ließ
– auch diese Strafe, sollte man meinen, stand in keinem rechten
Verhältnis zur Schuld des Übeltäters. Auf Raiatea, der nächsten
Insel, die sie besuchten, desertierten zwei seiner Männer, und sogleich nahm Cook den Sohn, den Schwiegersohn und die Tochter
des Inselhäuptlings, eines Mannes, der ihn immer mit der größten

Freundlichkeit und Gastfreundschaft behandelt hatte, gefangen. Als man die Deserteure zurückbrachte, wurden die Geiseln freigelassen. Cooks Taktik brachte die Insulaner derart in Harnisch, daß sie tatsächlich versuchten, Cook und Clerke zu kidnappen. Nachträglich kann man leicht sagen, Cook hätte sich das zur Warnung dienen lassen sollen, doch er tat es offenbar nicht. Die Methode der Geiselnahme war zweifellos wirksam. Uns kommt sie heute ziemlich grausam und ungerechtfertigt vor, aber man darf nicht vergessen, daß Cook ein Mann des achtzehnten Jahrhunderts war und die Mentalität der damaligen Polynesier berücksichtigen mußte, die uns vollkommen fremd ist. Cook war hochintelligent, er war der Verantwortliche, und wir können nicht daran zweifeln, daß er genau wußte, was er tat. Außerdem konnte man sich kaum vorstellen, wie er sonst hätte vorgehen können.

Die beiden Schiffe setzten am 7. Dezember die Segel. Am 22. überquerten sie den Äquator, und am 24. entdeckten sie ein ödes und unbewohntes Eiland, das Cook auf den Namen Weihnachts-Insel taufte. Cook beschloß, einige Tage dort zu bleiben. Der Aufenthalt dauerte neun Tage – einmal, weil es dort unzählige Fische und Schildkröten gab, zum anderen, um der Besatzung eine Weihnachtspause zu gönnen. Nachdem sie allerdings neun Monate lang buchstäblich nichts anderes getan hatten, als im Pazifik herumzutrödeln, kann man sich kaum vorstellen, daß sie eine Rast nötig hatten.

Während sie vor der Insel lagen, gingen Cook, sein Zweiter Offizier King und der Astronom Bayly an Land, um eine Sonnenfinsternis zu beobachten, mit deren Hilfe sie ihre genaue Längenposition berechnen und die Genauigkeit der Chronometer prüfen konnten. Es ist bezeichnend, daß Clerke sie nicht begleitete. Er war wegen seiner Krankheit nicht mehr dazu in der Lage.

Die Schiffe segelten ab, und am 18. Januar kamen zwei bergige Inseln in Sicht. Cook hatte seine letzte bedeutende Entdeckung gemacht – die Hawaii-Inseln. Niihau und Kauai lagen von den größeren Inseln der Gruppe am weitesten westlich. Cook nannte

Transportables Observatorium, entworfen von William Bayly

sie Sandwich-Inseln – dem Namen seines Freundes und Gönners, des Ersten Lords, Earl of Sandwich, begegnet man überall im Pazifik und im Atlantik –, doch heute kennt man sie unter dem Namen Hawaii-Inseln. Die größte und am weitesten östlich gelegene Insel der Gruppe entdeckte Cook erst Ende des Jahres. Es war Hawaii, und nach ihr sollte später die gesamte Gruppe heißen.

Nach dem inzwischen schon beinahe üblichen Vorspiel, bei dem ein Eingeborener ohne jeden Anlaß erschossen wurde, stellte Cook äußerst freundschaftliche Beziehungen zu den Hawaiianern her. Sie schienen ihn für einen Gott zu halten, denn er hatte kaum den Strand betreten, als sie auch schon auf die Knie fielen und sich nicht eher erhoben, bis Cook es ihnen durch entsprechende Zeichen erlaubte.

Cook hielt sie für ein sehr attraktives Volk. Sie waren zugänglich, gastfreundlich, trugen keine Waffen und waren, verglichen mit den meisten anderen Polynesiern außerordentlich ehrlich. Sie zeigten Cook eine andere Insel, die im Westen lag und die sie Oahu nannten. Cook war der Meinung, er habe nicht genug Zeit, um sie zu erforschen. Dort hätte er sonst bestimmt den großen natürlichen Hafen gefunden, an dem heute Pearl Harbour liegt, wo die japanischen Marine-Luftstreitkräfte im Dezember 1941 die Pazifikflotte der USA zerstörten. Dort befindet sich heute auch Honolulu, die Hauptstadt der Hawaii-Inseln.

Ein Eingeborener der Sandwich-Insel

Tahitischer Tanz. Gemälde von John Webber

Rockingham-Porzellanfigur aus dem frühen 19. Jahrhundert, James Cook
darstellend. Nach dem Porträt von Nathaniel Dance (vor Seite 140.)

Am 2. Februar fuhren die Schiffe nach Nordosten ab. Das Ziel hieß Neu-Albion – die Westküste Nordamerikas –, und sie erreichten es am 6. März zwischen dem 44. und dem 45. Breitengrad, in der Nähe eines Vorgebirges, das Cook wegen des außerordentlich unangenehmen Wetters, das unmittelbar nach ihrer Ankunft aufkam, Cape Foul Weather, Schlechtwetter-Kap, nannte (dieser Name blieb erhalten). Im folgenden Monat sollten die Schiffe immer wieder auf Stürme treffen, die ihre Fahrt nach Norden sehr

Die *Resolution* und die *Discovery* im Nootka-Sund, wo die *Resolution* einigen größeren Reparaturen unterzogen werden mußte

behinderten. Wegen der ungünstigen Winde mußten sie sich ein gutes Stück von der Küste fernhalten, und deshalb verfehlten sie sowohl die Mündung des Columbia-Stroms als auch die Juan-de-Fuca-Straße, die zum heutigen Vancouver führt.

Beide Schiffe hatten seit der Abfahrt vom Schlechtwetter-Kap so schwere Schäden davongetragen, daß man sie dringend instandsetzen mußte. Zum Glück fand man eine geschützte Bucht namens Nootka Sound, von der Cook annahm, sie gehöre zum Festland.

In Wirklichkeit liegt der Sund im oberen Drittel der Westküste der Vancouver-Insel. Das war am 30. März. Sie blieben dort fast vier Wochen – für den neuen Besanmast der *Resolution* mußte ein Baum gefällt werden –, in denen Cook Bekanntschaft mit den Eingeborenen machte, die mit ihren breiten, platten Gesichtern und hohen Wangenknochen eindeutig nicht zur polynesischen Rasse gehörten – wahrscheinlich stammten sie von Eskimos ab. Es war ein freundliches, sanftes, gutartiges Volk, was bereits aus der Tatsache hervorgeht, daß es dieses Mal nicht für nötig gehalten wurde, bei der Ankunft einen von ihnen zu erschießen.

Als die Schiffe wieder seetüchtig waren, setzten sie am 26. April die Segel und drehten nach Norden. Die dortigen Gewässer sind so schwierig und trügerisch, daß sie höchste navigatorische Geschicklichkeit erfordern. Cook war wieder in Hochform, er vermaß, kartographierte und benannte alles, was er erblicken konnte, wobei allerdings gesagt werden muß, daß sein scheinbar unerschöpflicher Erfindungsreichtum ihn allmählich verließ, denn er griff wieder auf Namen zurück, die er bereits in den Südmeeren benutzt hatte.

Die Küste war immer mehr westlich abgebogen, und jetzt verlief sie genau nach Westen – die Schiffe segelten an den südlichen Ufern Alaskas entlang. Die *Resolution* war inzwischen so leck, daß Cook gezwungen war, einen geschützten Ankerplatz zu suchen, und zwar in einer Bucht, die heute unter dem Namen Prince William Sound bekannt ist. Das Schiff wurde kalfatert, und man stellte fest, daß sich zwischen den Deckplanken kaum noch Spuren von Werg befanden.

Nach Beendigung der Reparaturen umsegelten sie in südwestlicher Richtung ein außerordentlich langes Vorgebirge, das heute Kenai-Halbinsel heißt. Im Westen dieser Halbinsel öffnete sich eine langgezogene Bucht nach Nordosten, und einige Offiziere glaubten, es könne sich tatsächlich um die Einfahrt zur Südwest-Passage handeln. Cook hatte seine Bedenken, war aber damit einverstanden, einen Versuch zu wagen. Mehr als dreihundert Kilometer weit segelten sie den Sund hinauf, und erst an seinem Ende stellten sie zwischen eisbedeckten Bergen fest, daß sie in einen landumschlossenen Fjord gesegelt waren.

Wieder auf dem Meer, fuhren sie an der knapp fünfhundert Kilometer langen Halbinsel Alaska und an den von ihr abgesplitterten Aleuten entlang. Bei einer dieser Inseln, Unalaska, machten sie eine kurze Pause, segelten dann an der anderen Seite Alaskas nach Nordosten und anschließend nördlich in den Norton-Sund. Auf diesem Abschnitt der Fahrt starb der Erste Schiffsarzt Anderson an Tuberkulose. Man hatte vorgeschlagen, daß er – ebenso wie Kapitän Clerke – auf Tahiti zurückbleiben sollte. Aber wahrscheinlich wäre er dann genauso umgekommen.

Am Nordende des Norton-Sunds liegt ein Vorgebirge, das Cook auf den Namen Prince-of-Wales-Kap taufte, es ist zugleich der westlichste Punkt beider Amerika und der Punkt, der dem asiatischen Festland am nächsten liegt. Dieses asiatische Festland steuerte Cook nun durch die Bering-Straße an. Er ankerte in einer geschützten Bucht, die er St.-Lorenz-Bucht nannte, ein hübsches Kompliment für Bering, der genau ein halbes Jahrhundert zuvor den Namen St. Lorenz einer Insel im Süden der Bering-Straße gegeben hatte. Die dort lebenden Eingeborenen waren höflich, wenn auch sehr zurückhaltend, und Cook kam aufgrund ihres Benehmens und ihrer ansehnlichen Häuser zu dem Schluß, sie seien so ziemlich die am höchsten entwickelte Rasse, die er im ganzen Pazifik angetroffen habe.

Von der St.-Lorenz-Bucht segelten *Resolution* und *Discovery* durch die Bering-Straße weiter nach Norden, kreuzten den Nördlichen Polarkreis und erreichten dann die Tschuktschen-See, einen Arm des Arktischen Meeres. Hier kamen sie nicht sehr weit voran. Innerhalb von drei Tagen – zwischen dem 14. und dem 17. August – war die Temperatur stark gefallen und das Wetter hatte sich jäh verschlechtert. Sie gelangten unvermittelt vor eine allem Anschein nach undurchdringliche Packeismauer, die sich von einem Ende des Horizonts zum anderen erstreckte. Eine Woche lang suchte

Cook nach einer Lücke im Eis. Er versuchte den Durchbruch, indem er an der Nordküste Sibiriens entlangsegelte, doch auch hier
gebot undurchdringliches Packeis Einhalt. Der Sommer war fast
vorüber, und wenn sie noch mehr Zeit verloren, konnten sie auf
unbestimmte Zeit vom Eis eingeschlossen werden. Cook beschloß
deshalb nach Süden zu drehen, auf den Sandwich-Inseln (Hawaii-
Inseln) zu überwintern und es im nächsten Sommer noch einmal
zu versuchen. So inaktiv Cook im vorangegangenen Jahr auch ge-

Cook begegnet den Chukchi in der St.-Lorenz-Bucht in Sibirien am
10. August des Jahres 1778

wesen sein mag, jetzt hatte er wieder eine bestimmte Aufgabe vor
sich, und er war fest entschlossen, sie zu lösen, sofern es im Bereich
des Menschenmöglichen lag. Wie er Lord Sandwich geschrieben
hatte, würde sein Unternehmungsgeist nicht ruhen, ehe er das große
Ziel der Fahrt erreicht hatte.

Sie überquerten wieder den Polarkreis, fuhren durch die Bering-
Straße zurück und segelten südlich zur Aleuten-Insel Unalaska,
wo Cook am 2. Oktober vor Anker ging. Die *Resolution* litt wieder

unter ihren alten Schwächen, denn zwischen den unkalfaterten
Planken drang Wasser ein wie durch ein Sieb. Während ihres drei-
wöchigen Aufenthalts dort lernte Cook russische Pelzhändler kennen, die bereitwillig die in seinen Karten fehlenden Angaben er-
gänzten und ihn auf Irrtümer in den Karten aufmerksam machten,
die man ihm mitgegeben hatte. In dieser Zeit lernte er auch die
Eskimos recht gut kennen, die er als das friedlichste und harmlose-
ste Volk beschreibt, das er je getroffen hatte.

Am 24. Oktober segelten die Schiffe zu den Sandwich-Inseln
ab, die sie am 26. November nach einer ereignislosen Fahrt erreichten, bis auf eine Ausnahme allerdings: Bei einem schweren Sturm
riß das Hauptsegelseil der *Discovery,* wobei ein Mann getötet und
mehrere andere schwer verletzt wurden. Sie sichteten Maui, die
zweitgrößte Insel der Hawaii-Gruppe. Die beiden Schiffe lagen
vor der Küste, es schien keine geeigneten Ankerplätze zu geben,
und viele Eingeborene kamen mit ihren Kanus herbei und brachten
ihnen große Mengen von frischen Früchten, Gemüse und die
selbstverständlich unvermeidlichen Schweine. Unter diesen Insulanern befand sich auch ein ehrwürdiger alter Herr, der nach der
außerordentlichen Ehrerbietung, die ihm die anderen erwiesen, eine
wichtige Persönlichkeit zu sein schien; es stellte sich heraus, daß
er in der Tat der König von Hawaii war.

Sie verließen Maui und erblickten ein oder zwei Tage darauf
die riesigen, schneegekrönten Zwillingsgipfel der Insel Hawaii. Die
beiden Berge sind ungefähr viertausendvierhundert Meter hoch.
Auf der Suche nach einem geeigneten Hafen umsegelte Cook langsam die Insel. Wohin sie auch kamen, überall wurden sie von zahlreichen Kanus begleitet, deren Insassen so völlig furchtlos an Bord
kamen, wie Cook es im Pazifik noch nie erlebt hatte. Cook notierte
ohne Kommentar, daß die Kanus mit Schweinen und Frauen beladen waren und letztere freigebiger ihre Gunst verschenkten als alle,
denen man vorher begegnet war. Die Hawaiianer waren ganz bestimmt ein sehr zutrauliches Volk. Nachts schliefen sie sorglos an
Deck, während ihre Kanus hinter den Schiffen vertäut waren. We-

gen ungünstiger Winde brauchten die Schiffe ziemlich lange, ehe
sie um die Südküste der Insel gesegelt waren und anfangen konnten,
die Westküste hochzufahren. Erst am 16. Januar erblickte man in
der Kealakekua-Bucht einen offenbar geeigneten Ankerplatz. William
Bligh wurde zur Erkundung an Land geschickt, und er kehrte
mit der Nachricht zurück, die Bucht sei in jeder Hinsicht günstig
für ihre Zwecke. Es gab reichlich Wasservorräte und zwei Dörfer,
Kekua und Kavarua, die zweifellos den gesamten Bedarf an Nahrungsmitteln
decken würden.

Der Empfang, der Cook und seine Männer erwartete, als sie
am nächsten Morgen mit den Schiffen in der Kealakekua-Bucht
vor Anker gingen, ist sicherlich in der gesamten Geschichte des
Pazifischen Ozeans einmalig. King, Cooks Zweiter Offizier,
schätzte, daß nicht weniger als tausendfünfhundert Kanus mit mindestens
neuntausend Eingeborenen hinausfuhren, um sie zu begrüßen,
Hunderte von Menschen kamen auf Wellenbrettern, weitere
Hunderte schwammen umher wie Fischschwärme, während Tausende
das Ufer der Bucht säumten.

Palea, ein Häuptling, und Koa, der Hohepriester, kamen an Bord
und behandelten Cook mit einem Respekt, der an Anbetung
grenzte, und als man Cook feierlich an Land geleitete, fielen die
zu Tausenden dort Wartenden auf die Knie. Anschließend mußte
er einer langen und seltsamen Feier beiwohnen. Es handelte sich
entweder um eine Zeremonie zur Begrüßung oder zur Initiation
des weißen Gastes, jedenfalls um eine feierliche Veranstaltung, die
offensichtlich religiösen Charakter trug. Cook wußte es nicht, aber
man hatte ihn zu einer Gottheit erhoben. Nach hawaiianischem
Volksglauben war einer der Inselgötter, Lono, der Gott des Glücks,
des Friedens und des Ackerbaus, vor vielen Zeitaltern über das
Meer fortgesegelt, aber eines Tages sollte er wiederkommen. Die
Insulaner hielten Cook für den heimkehrenden Lono und die *Resolution*
für seinen Tempel. Die Nachricht von seiner Rückkehr hatte
sich seit dem Aufenthalt in Niihau und Kauai vor einem Jahr über
alle hawaiianischen Inseln verbreitet, und natürlich hatte man ihn

auf der Hawaii-Insel schon längst gesichtet, bevor er seinen endgül-
tigen Ankerplatz erreicht hatte. Das erklärt auch, weshalb Zehntau-
sende in der Bucht gewartet hatten, um ihn willkommen zu heißen,
obgleich nur zwei kleine Dörfer in der Nähe waren. Man hatte
zahlreiche Signale ausgesandt, und alle Bewohner waren von weit-
her gekommen, um den Gott daheim zu begrüßen.

Cook scheint von seiner Erhebung in die Reihen der Götter nicht
allzusehr beeindruckt gewesen zu sein. Viel mehr freute er sich
darüber, daß er Hawaii entdeckt hatte, und so wäre es wohl jedem
Forscher ergangen. Er schrieb: » . . . nur wenige beklagten es, daß
wir im vergangenen Sommer keinen nördlichen Seeweg nach Hause
finden konnten. Dieser Enttäuschung verdanken wir es, daß wir
die Sandwich-Inseln noch einmal besuchen und unsere Fahrt durch
eine Entdeckung bereichern konnten, die unsere letzte ist, dafür
aber in jeder Hinsicht die bedeutendste zu sein scheint, die bisher
ein Europäer im gesamten Pazifik gemacht hat.« Das waren die
letzten Worte, die Cook seinem Tagebuch anvertraute. Es wirkt
trotz allem, was noch geschehen sollte, außerordentlich versöhn-
lich, daß Cooks Aufzeichnungen mit einer so dankbaren und zufriedenen Bemerkung schließen.

Am Ufer wurden in der Nähe des Dorfes Kekua, wo auch der
Wasserplatz lag, ein Observatorium und Zelte errichtet. Man
brachte die Schiffe näher ans Ufer heran, falls es tatsächlich einmal
notwendig werden sollte, den Männern an Land Feuerschutz zu
geben. Kekua lag im Osten der Bucht. Im Nordwesten befand sich
das Dorf Kavarua, wo König Kalaniopu wohnte, wenn er auf dieser
Insel Hof hielt.

Damals residierte er übrigens nicht auf der Insel, doch am 24. Januar traf er dort ein, immer noch der gleiche ehrwürdige alte Herr,
der vor Maui auf die *Resolution* gekommen war. Nur von seinen
engsten Familienangehörigen begleitet, machte er einen privaten
Besuch auf der *Resolution*. Am nächsten Tag wurde mit großem
Pomp und Gepränge ein Staatsbesuch veranstaltet, bei dem der
König in prächtigen Gewändern und mit seinem gesamten Gefolge

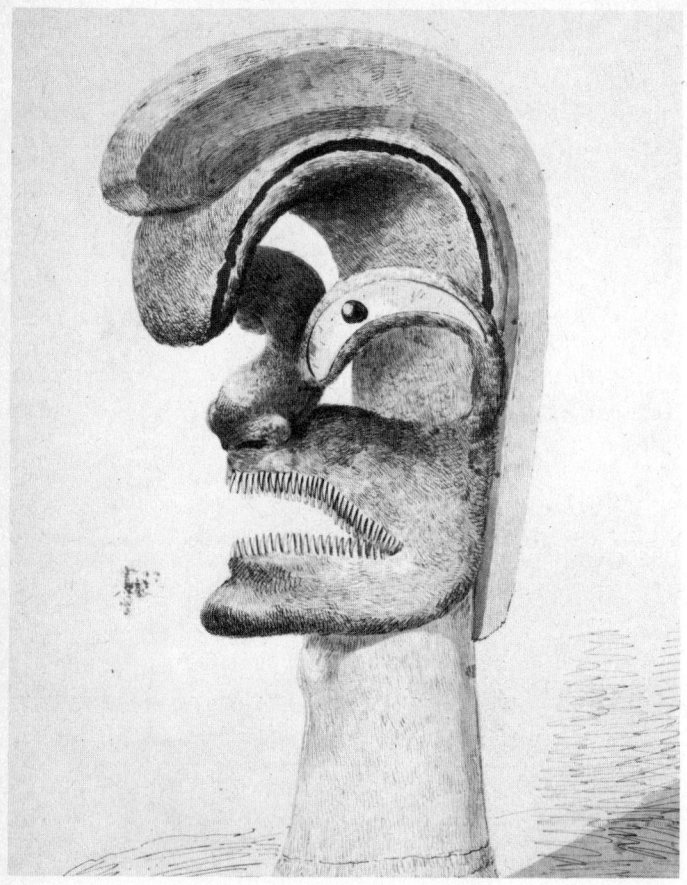

Figur eines hawaiischen Gottes aus Flechtarbeit.
Zeichnung von John Webber

erschien. Man tauschte wertvolle Geschenke aus. König Kalaniopu schenkte Cook ein halbes Dutzend Federmäntel, während Cook dem König sogar seinen Gürtel und seinen Degen überreichte, und man tauschte die Namen aus, was damals im Pazifik als Zeichen ewiger Freundschaft galt. Alles schien in schönster Ordnung zu sein.

Aber der Schein täuschte, und die ewige Freundschaft sollte nur sehr kurze Zeit dauern. Innerhalb einer Woche hatte sich die Haltung der Bevölkerung völlig geändert. Die Hawaiianer zeigten unmißverständlich, daß es nach ihrer Meinung höchste Zeit für die Abreise ihres Gottes war. Sie wiesen die Seeleute darauf hin, wie gut und rüstig sie jetzt aussähen und daß keinerlei Grund für eine Verlängerung des Aufenthalts bestehe. Zur Erklärung dieses Meinungsumschwungs hat man vorgebracht, die Gastgeber seien ihrer Gäste, deren Unterhalt sie so teuer kam, überdrüssig geworden; die beiden Schiffsbesatzungen hätten wirklich sehr viel Nahrungsmittel verbraucht. Das stimmt natürlich und trug möglicherweise erheblich zur Änderung der allgemeinen Einstellung bei. Andererseits waren die Engländer aber erst seit zwei Wochen da, und in verschiedenen Gegenden des Pazifiks hatten sie sich viel länger aufgehalten, ohne daß die Gastfreundschaft der Bevölkerung nachgelassen hatte. Und Cook war immer peinlich darauf bedacht gewesen, den Proviant, den sie erhielten, zu bezahlen.

Es ist dagegen sehr gut möglich, daß die Priester wegen eines heimgekehrten Gottes in ihrer Mitte sowohl um ihre geistige als auch um ihre weltliche Macht fürchteten. Vielleicht hatte sich ihre Autorität, auf die sie viel Wert legten, bereits verringert, und wenn die Leute ihre traditionelle Achtung vor ihnen erst einmal verloren hätten, würde es ihnen, den Priestern, immer schwerer fallen, sie im Laufe der Zeit wieder zu gewinnen. Vielleicht haben sie dieses Argument dem König, auf den es sich auch anwenden ließ, dargelegt, und da der König ein alter, schwacher Mann war, der längst nicht mehr auf der Höhe seiner körperlichen und geistigen Leistungsfähigkeit stand, schloß er sich vielleicht ihrer Meinung an oder war doch zumindest stillschweigend damit einverstanden, daß man im Volk die Ansicht verbreitete, eine beschleunigte Abreise Cooks sei äußerst ratsam.

Welcher Grund auch immer den Ausschlag gegeben hat, Cook

war ein Mann, der Andeutungen richtig verstand. Er ließ Observatorium und Zelte abbauen und an Bord bringen. König Kalaniopu machte ihm einen Abschiedsbesuch und beschenkte ihn mit den wertvollsten Gaben – ob es ein Zeichen wahrer Hochachtung war oder die Gäste zur Abreise anfeuern sollte, kann man nicht sagen. Cook wollte nun die Vermessung der Hawaii-Inseln beenden und dann an der Ostküste Asiens nach Kamtschatka segeln, um von dort aus seinen zweiten Vorstoß auf die Nordwest-Passage zu beginnen. Unter den, wie es schien, wirklich herzlichen Abschiedsgrüßen einer riesigen Menge fuhren sie am 4. Februar ab. Es ist nicht unmöglich, daß hauptsächlich die Erleichterung, die Gäste abreisen zu sehen, für diese augenscheinliche Herzlichkeit verantwortlich war.

Als Cook nur sechs Tage später zurückkehrte, war von dieser Herzlichkeit nicht mehr viel zu spüren. Es war ganz offensichtlich, daß niemandem, von Kalaniopu abwärts, die Rückkehr der beiden Schiffe gefiel. Doch Cook hatte keine Wahl gehabt. Bei einem schweren Sturm war zwei Tage vorher der Fockmast der *Resolution* so stark beschädigt worden, daß man ihn unbedingt niederholen und reparieren mußte.

Die Beziehungen zu den Insulanern wurden schnell außerordentlich gespannt und entwickelten sich dann zu offener Feindseligkeit. Ein Eingeborener, den man beim Diebstahl erwischt hatte, bekam vierzig Peitschenhiebe. Insulaner, die Mitgliedern der Besatzung bei der Wassersuche halfen, wurden von ihren Priestern verjagt. Plötzlich trugen die Eingeborenen Waffen, und ihr Benehmen wurde frech und unverschämt. Als ein Dieb mit einigen Schmiedewerkzeugen in einem Kanu fortfuhr und ans Ufer entkam, ging Edgar, der Steuermann der *Discovery,* mit einigen anderen Männern an Land und versuchte, das Kanu zu konfiszieren. Ein Kampf brach aus, und die Hawaiianer bewarfen die Gegner mit Steinen. Edgar und seine Männer waren gezwungen, die Pinasse, mit der sie ans Ufer gerudert waren, zurückzulassen und sich schwimmend in Sicherheit zu bringen. Das gestohlene Kanu gehörte ausgerechnet einem Häuptling, der nicht nur sehr freundlich zu Cook gewesen war, sondern ihm auch stets geholfen hatte.

Cook war außer sich vor Wut, als er von der Sache erfuhr. King berichtet, er habe danach folgendes gesagt: »Ich fürchte, diese Leute werden mich zwingen, scharfe Maßnahmen zu ergreifen; denn sie dürfen nicht in dem Glauben bleiben, sie seien uns gegenüber im Vorteil.«

Zu Cooks Unglück ergab sich am nächsten Morgen, dem 14. Februar 1779, eine Gelegenheit zur Anwendung scharfer Maßnahmen. Clerke berichtete ihm, sein großes Beiboot sei in der Nacht gestohlen worden. Cook zögerte nicht. Er setzte wieder auf die Taktik der Geiselnahme, die ihm bisher so gute Dienste geleistet hatte. Kalaniopu sollte auf die *Resolution* gebracht und dort so lange festgehalten werden, bis man das Beiboot und die Schmiedewerkzeuge zurückbrachte.

Cook ruderte mit bewaffneten Seeleuten in einem Beiboot, einer Pinasse und einem kleineren Boot zum Ufer. Sie landeten bei Kavarua. Die drei Boote hielten sich ein kleines Stück von der Küste entfernt, während Cook mit zehn bewaffneten Matrosen und ihrem Kommandierenden Offizier, Leutnant zur See Molesworth Phillips, zu König Kalaniopus Haus marschierte und darauf bestand, er solle unverzüglich mit auf die *Resolution* kommen. Der alte König erhob keine Einwände, doch als sie sich dem Ufer näherten, eilte eine seiner älteren Frauen herbei und flehte ihn weinend an, nicht an Bord zu gehen. Diese Bitte wurde von zwei herbeilaufenden Häuptlingen unterstützt, die den König an den Armen ergriffen und ihn zwangen, sich hinzusetzen. Wie Phillips berichtete, machte der alte Mann einen »niedergeschlagenen und verängstigten« Eindruck.

Von hier an widersprechen sich die Berichte. Viele Leute behaupteten, Augenzeugen gewesen zu sein, und es soll hier keineswegs angedeutet werden, einer von ihnen habe gelogen oder die Tatsachen entstellt oder auch nur versucht, sich selbst im besten Licht zu zeigen. Wie wir schon an anderer Stelle dieses Buches erwähnten, stimmten niemals auch nur zwei Berichte überein, wenn es um die Schilderung einer ebenso unvorhergesehenen und kurzen wie gewalttätigen Aktion geht.

Mit Sicherheit wissen wir, daß sich zwei- bis dreitausend Eingeborene um Cook drängten. Phillips fragte ihn, ob er mit den Matrosen am Ufer Stellung beziehen solle, und damit war Cook offenbar einverstanden – obgleich er isoliert und schutzlos zurückbleiben würde. Dann knallten weiter unten am Strand Schüsse, und man berichtete, ein einflußreicher Häuptling sei getötet worden, weil er versucht habe, sich ohne Erlaubnis vom Ufer zu entfernen. Das stimmte leider, und der Zorn der Volksmenge entflammte. Ein Mann mit einer Pahua – einer rund sechzig Zentimeter langen, spitzen Eisenstange – näherte sich Cook drohend, die Pahua in der einen, den Kriegsteller – einen Schild – in der anderen Hand. Cook feuerte, entweder mit einer Platzpatrone oder mit Schrotkugeln, die den Teller natürlich nicht durchdrangen, und sofort brach ein heftiger Kampf aus. Sowohl die Soldaten am Ufer als auch die weiter draußen in den Booten wartenden Seeleute schossen Salven ab, und Cook tötete einen Eingeborenen. Schnell entwickelte sich der Kampf zu einem Handgemenge, mit Bajonetten und Gewehrkolben gegen Keulen und Pahuas. Da die Matrosen zahlenmäßig hoffnungslos unterlegen waren, war es von vornherein klar, daß sie dem Gegner nur kurze Zeit standhalten konnten.

Man berichtete, daß die Hawaiianer Cook, vor dem sie noch immer ehrfürchtige Scheu empfanden, nicht zu berühren wagten, solange er ihnen das Gesicht zuwandte. Doch als er sich umdrehte, um die Boote heranzuwinken, wurde er von einer Keule niedergestreckt. Es ist vielleicht bezeichnend, daß Koa, der Hohepriester, diese Keule geschwungen hatte. In Sekundenschnelle fielen Dutzende von Eingeborenen über Cook her, der jetzt im flachen Wasser lag, und durchbohrten ihn immer wieder mit ihren Messern und Pahuas. Es war acht Uhr morgens. Cook war fünfzig Jahre alt.

Außer sich vor Kummer und Zorn, baten die Besatzungsmitglieder Kapitän Clerke, er möge ihnen erlauben, Rache zu nehmen.

Clerke, ein Mann, der offensichtlich ebenso klug wie charakterfest war, lehnte ab. Es war ihm völlig klar, daß derartige Vergeltungsmaßnahmen kein Ende finden würden, solange in der Bucht von Kealakekua noch ein einziger Hawaiianer lebte. Clerke glaubte nicht, daß der Überfall von vornherein geplant gewesen war. Cook hatte vielmehr einfach das getan, was er für richtig hielt, und die Eingeborenen ebenfalls. Deshalb hatte die Sache gar nicht anders ausgehen können, meinte Clerke.

Cooks sterbliche Überreste wurden am 22. Februar auf See beigesetzt. Eigentlich hätte der todkranke Clerke die Expedition jetzt abbrechen und wieder nach England fahren sollen, doch als Tribut an »meinen guten Freund Captain Cook« segelte er mit der *Resolution* und der *Discovery* durch die Bering-Straße und abermals in die Arktis hinaus. Aber er hatte nicht mehr Erfolg als Cook im vorangegangenen Sommer. Clerke starb auf der Heimreise nach England, wo die *Resolution* und die *Discovery* am 4. Oktober 1780 eintrafen, vier Jahre und drei Monate, nachdem Cook seine letzte Fahrt angetreten hatte.

Epilog

Auf so erbärmliche, schreckliche und gewaltsame Weise fand ein großer Mann sein Ende. Es mutet fast wie ein unvermeidliches Element der antiken griechischen Tragödie an, daß er gerade auf dem Höhepunkt seines Einflusses und Ruhmes sterben mußte. Höchstwahrscheinlich hatte er tatsächlich alles erreicht, was ihm vom Schicksal zugedacht war, denn seine letzte große Aufgabe war unlösbar: Heute wissen wir, daß es keine Nordwest-Passage gibt, und wenn man sich einen Weg durch die Packeisfelder bahnen will, muß man einen Eisbrecher mit Nuklearantrieb mitnehmen.

Was hätte Cook auch als nächstes unternehmen sollen? Man kann sich einfach nicht vorstellen, daß es für Cook, der seit Antritt seiner ersten großen Reise zwölf Jahre zuvor ein rastloses Leben geführt hatte, noch irgendeine große Aufgabe in der Zukunft gegeben hätte. Sicher konnte man noch neue Orte entdecken, vermessen und kartographieren. Doch was für Orte waren das schon? Wenn die gesamte Erde zum Schneckengehäuse eines Mannes geworden ist, wenn er sie so durchstreift hat, wie ein Kind den Garten der Eltern durchstreift, dann schickt man diesen Mann nicht los, um in kleinen abgelegenen Winkeln herumzustöbern, die es inmitten bereits bekannter Gebiete noch zu entdecken gibt. Cook reizte einzig und allein das große Unbekannte – oder nichts. Und wer kann glauben, daß dieser Mann, dessen Unternehmungsgeist ihn dorthin geführt hatte, wo noch kein Mensch vor ihm gewesen war, sich damit zufrieden gegeben hätte, in den engen Mauern des Hospitals zu Greenwich untätig herumzusitzen und zu verkümmern? Denn für diesen Mann, der so Gigantisches vollbracht hatte, gab es keine Welten mehr, die er erobern konnte, keinen Ort, dessen Entdek-

kung sich gelohnt hätte. Vielleicht hatten die Götter deshalb ein
Einsehen und löschten sein irdisches Leben aus.

Sein Ruhm wird niemals vergehen. Cooks Platz in der Geschichte
ist gesichert. Darüber würde er sich freuen, zeigt es doch, daß die
Menschheit die großartigen Leistungen eines Mannes anerkennt,
dem Leistung alles bedeutete.

Die unvergleichliche Entschlossenheit, Ausdauer und Willenskraft, die er zeigte, bis er ein Ziel erreicht hatte, wurden damals
ebenso deutlich erkannt wie heute, und diese Eigenschaften werden
auch in den Abschiedsgrüßen zweier Zeitgenossen, die ihn wohl
am besten kannten, am meisten gewürdigt.

Samwell, der Zweite Schiffsarzt der *Resolution* auf Cooks letzter
Reise, schrieb:

Die Natur hatte ihn mit einem wachen und scharfen Verstand gesegnet,
den er in seinen reiferen Jahren mit Sorgfalt und Eifer ausgebildet hat.
Sein Allgemeinwissen war groß und vielseitig; in seinem eigenen Metier
war er ohnegleichen. Mit klarem Urteilsvermögen, starkem Mannesmut
und der entschlossensten Willenskraft; mit dem Genius des echten Entdek-
kers verfolgte er mit unerschütterlicher Ausdauer sein Ziel – umsichtig
und aktiv; gelassen und mutig in der Gefahr; geduldig und fest bei Schwierigkeiten und im Unglück; erfinderisch, wenn ein Ausweg gesucht wurde;
groß und schöpferisch in allen seinen Vorhaben; aktiv und entschlossen
bei ihrer Verwirklichung. In jeder Situation entschied er unangefochten
und allein: Auf ihm ruhten alle Blicke. Er war unser Leitstern, der uns
bei seinem Untergang in Dunkelheit und Verzweiflung zurückließ.

Sir Hugh Palliser, Oberster Aufseher der Navy, war viele Jahre
lang Cooks Freund und Kollege und zugleich der Mann, der Cooks
schlummerndes Genie als erster erkannt hatte. Er ließ auf seinem
Landsitz in Chalfont St. Giles, Buckinghamshire, ein Denkmal für
Cook errichten. Seine Inschrift erinnert an die Worte Samwells:

Allein durch seine Verdienste erhob er sich aus sehr niedriger Geburt zum
Rang eines Kommandierenden Kapitäns der Royal Navy und wurde unglücklicherweise am 14. Februar 1779 von den Wilden der Owhyhee-Insel

Denkmal Cooks, das im Vache Park, Buckinghamshire, von Sir Hugh
Palliser errichtet wurde

(Hawaii) getötet; diese Insel hatte er nicht lange zuvor bei seiner dritten
Fahrt um den Erdball entdeckt.
Er besaß in hervorragendem Maße alle Fähigkeiten, die für seinen Beruf

und seine großen Unternehmungen nötig waren, und außerdem die liebenswerten und wertvollen Eigenschaften, welche die Besten unter den Menschen auszeichnen; gelassen und besonnen im Urteil; scharfsinnig im Entschluß; aktiv in der Ausführung; stetig und ausdauernd in seinen von Wachsamkeit und nie nachlassender Vorsicht begleiteten Unternehmungen; unbesiegt von Mühsal, Schwierigkeiten und Enttäuschungen; erfinderisch, wenn ein Ausweg gesucht wurde; immer geistesgegenwärtig; immer beherrscht und in vollem Besitz seiner Verstandeskraft.

»Ich, der ich den Ehrgeiz hatte, nicht nur weiter zu kommen als irgendein Mensch vor mir, sondern auch so weit, wie es einem Menschen nur möglich war . . .«

Register

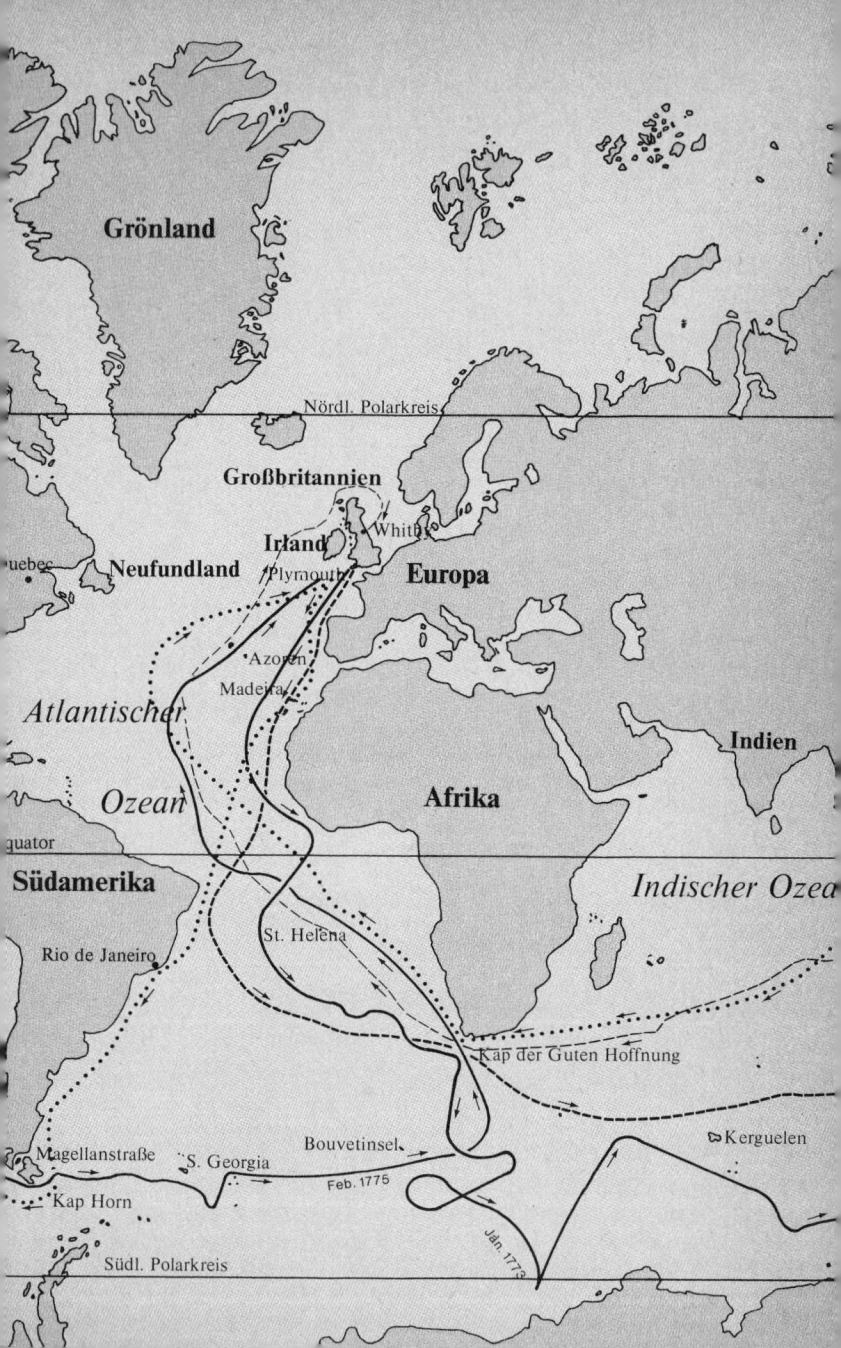

Grönland

Nördl. Polarkreis

Großbritannien

Irland

Whitby

Neufundland

uebec

Plymouth

Europa

Azoren

Madeira

Atlantischer

Indien

Ozean

Afrika

quator

Südamerika

Indischer Ozea

Rio de Janeiro

St. Helena

Kap der Guten Hoffnung

Kerguelen

Magellanstraße

S. Georgia

Bouvetinsel

Feb. 1775

Jan. 1773

Kap Horn

Südl. Polarkreis

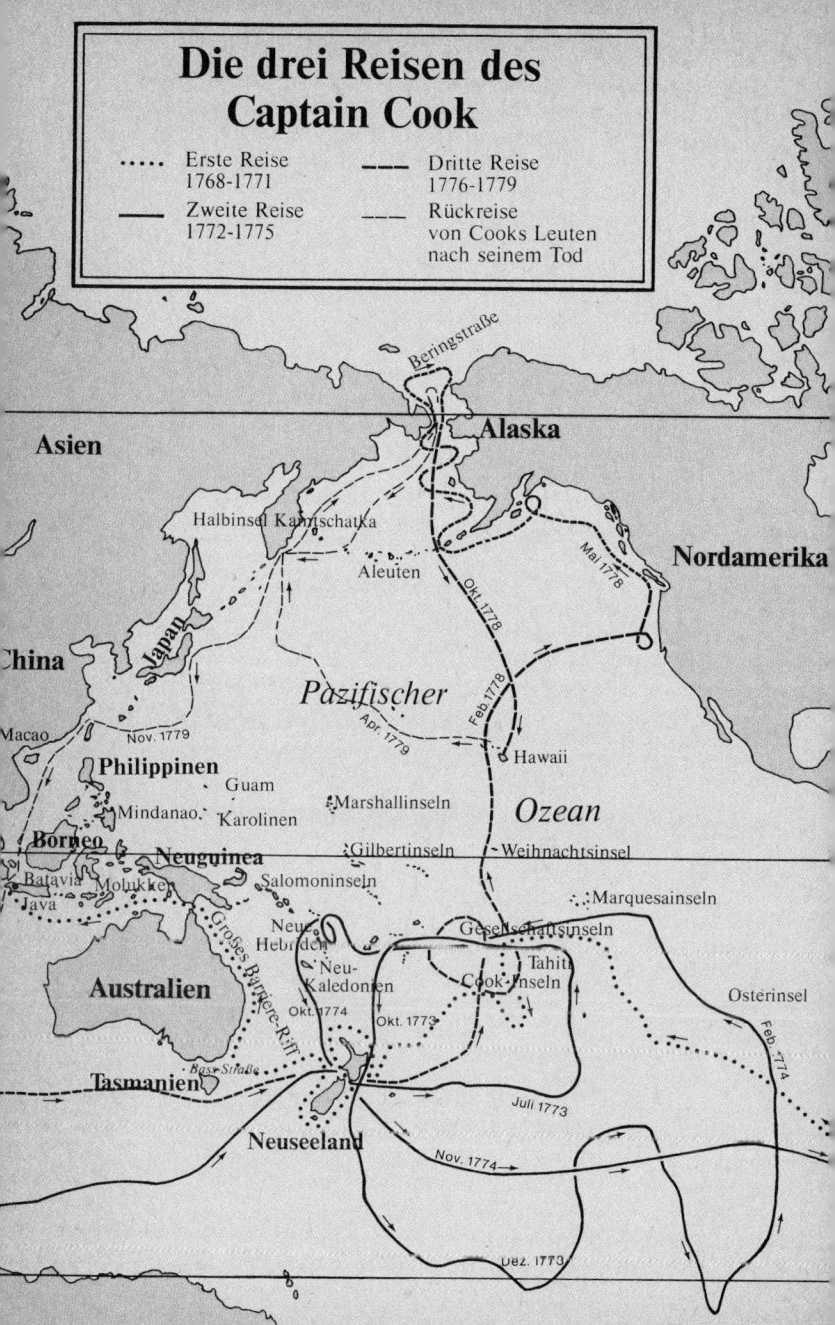

Die drei Reisen des Captain Cook

.... Erste Reise
1768-1771

——— Zweite Reise
1772-1775

– – – Dritte Reise
1776-1779

– – – Rückreise
von Cooks Leuten
nach seinem Tod

Beringstraße

Asien

Alaska

Halbinsel Kamtschatka

Nordamerika

Aleuten

Mai 1778

China

Japan

Okt. 1778

Pazifischer

Nov. 1779

Feb. 1778

Apr. 1779

Philippinen

Hawaii

Guam

Mindanao

Karolinen

Marshallinseln

Ozean

Borneo

Neuguinea

Gilbertinseln

Weihnachtsinsel

Batavia

Molukken

Salomoninseln

Java

Marquesainseln

Neue
Hebriden

Gesellschaftsinseln

Großes Barriere-Riff

Neu-
Kaledonien

Tahiti

Cook-Inseln

Australien

Okt. 1774

Okt. 1773

Osterinsel

Feb. 1774

Bass-Straße

Juli 1773

Tasmanien

Nov. 1774

Neuseeland

Dez. 1773

Bildnachweis

Die Reproduktion der Abbildungen erfolgt mit freundlicher Genehmigung des Bildarchivs der Österreichischen Nationalbibliothek, Wien – des Earl of Birkenhead – der Verwaltung des British Museum – des High Commissioner von Neuseeland – von Mr. George Howard – der Mitchell Library, Sydney – der National Library von Australien, Canberra – des National Maritime Museum, Greenwich – des Public Record Office, London – des Science Museum, London (Crown Copyright) – der Whitby Literary and Philosophical Society – des Historischen Museums, Bern – der Sammlung Parkham Park, Sussex – des britischen Verteidigungsministeriums und der Sammlung Mr. and Mrs. Rienits, London.

Fotografien: Derek Bayes, Blinhorn-Haynes, R. B. Fleming & Co., Peter Parkinson, Tindale's, Eileen Tweedy, Science Museum London, Axel Poignant, Michael Holford. Das Modell der *Endeavour,* abgebildet auf Seite 36, wurde im Auftrag des Maritime Museum, London, hergestellt.